FACULTÉ DE DROIT DE L'UNIVERSITÉ DE BORDEAUX

LES
CAUSES DE DIVORCE
EN LÉGISLATION COMPARÉE

THÈSE POUR LE DOCTORAT

Soutenue devant la Faculté de Droit de Bordeaux, le 11 Janvier 1900, à 2 h. 1/2 du soir

PAR

Albert GAILLARD

AVOCAT A LA COUR D'APPEL DE BORDEAUX

BORDEAUX
IMPRIMERIE Y. CADORET
17 — RUE POQUELIN-MOLIÈRE — 17
(ANCIENNE RUE MONTMÉJAN)

1899

FACULTÉ DE DROIT DE L'UNIVERSITÉ DE BORDEAUX

LES
CAUSES DE DIVORCE
EN LÉGISLATION COMPARÉE

THÈSE POUR LE DOCTORAT

Soutenue devant la Faculté de Droit de Bordeaux, le 11 Janvier 1900, à 2 h. 1/2 du soir

PAR

Albert GAILLARD

AVOCAT A LA COUR D'APPEL DE BORDEAUX

BORDEAUX

IMPRIMERIE Y. CADORET

17 — RUE POQUELIN-MOLIÈRE — 17

(ANCIENNE RUE MONTMÉJAN)

1899

FACULTÉ DE DROIT DE L'UNIVERSITÉ DE BORDEAUX

MM. BAUDRY-LACANTINERIE, ✳, ⚜ I., doyen, professeur de *Droit civil.*

SAIGNAT, ✳, ⚜ I., assesseur du doyen, professeur de *Droit civil.*

BARCKHAUSEN, O. ✳, ⚜ I., professeur de *Droit administratif.*

DE LOYNES, ⚜ I., professeur de *Droit civil.*

VIGNEAUX, ⚜ I., professeur d'*Histoire du droit.*

LE COQ, ✳, ⚜ I., professeur de *Procédure civile.*

LEVILLAIN, ⚜ I., professeur de *Droit commercial.*

MARANDOUT, ⚜ I., professeur de *Droit criminel.*

DESPAGNET, ⚜ I., professeur de *Droit international public.*

MONNIER, ⚜ I., professeur de *Droit romain.*

DUGUIT, ⚜ I., professeur de *Droit constitutionnel et administratif.*

DE BOECK, ⚜ I., professeur de *Droit romain.*

DIDIER, ⚜ I., professeur de *Droit maritime et de Législation industrielle.*

CHÉNEAUX, professeur adjoint, chargé des cours de *Droit civil comparé* et de *Droit civil approfondi* (Doctorat).

SAUVAIRE-JOURDAN, agrégé, chargé des cours de *Législation et économie coloniales* et d'*Économie politique* (Doctorat).

BENZACAR, agrégé, chargé du cours d'*Économie politique* (Licence).

———

MM. SIGUIER, ⚜ A., *secrétaire.*

PLATON, ⚜ I., ancien élève de l'Ecole des Hautes-Études, *sous-bibliothécaire.*

CAZADE, *Commis au secrétariat.*

———

COMMISSION DE LA THÈSE

MM. VIGNEAUX, professeur, *président.*

DE LOYNES, professeur.

CHÉNEAUX, professeur adjoint.

} *suffragants.*

LES

CAUSES DU DIVORCE

EN LÉGISLATION COMPARÉE

INTRODUCTION

Quelles ont été les causes de divorce admises par les principales législations aux différentes époques de l'histoire ? Tel est l'objet de notre étude. Le divorce a été une institution de toutes les races et de tous les temps, parce que les peuples ont une nature commune sous beaucoup de rapports et qu'ils possèdent des lois analogues sur des faits sociaux semblables. Jusqu'à l'ère du Christ, le divorce n'a jamais été contesté dans son principe ; le droit antique a admis, et souvent dans une large mesure, la dissolubilité du mariage. Mais, suivant le mot de Montesquieu, « les lois civiles dépendent des mœurs et des manières » et le régime du divorce a différé d'un peuple à l'autre à raison même de la dissemblance des coutumes. La société antique a donné à la femme une situation très précaire. Esclave, servante ou objet de luxe, chez les anciens peuples d'Orient, elle fut considérée par la plupart comme un être pétri de vices, n'ayant sa raison qu'en la reproduction, nuisible à tous autres égards. Livrée à elle-même, elle était un danger public, un élément puissant de dissolution sociale et elle fut condamnée à un emprisonnement perpétuel. Les Grecs l'élevèrent jusqu'au rôle de ménagère ou d'économe de leur maison, lui en confièrent l'administration mais lui interdirent, malgré l'affinement des mœurs attiques, de franchir le seuil du gynécée. Seule, dans l'antiquité, la matrone romaine eut une place enviable au foyer domestique, encore fut-elle en tutelle toute sa vie et presque toujours exclue de la vie publique. L'évolution des causes de divorce est le reflet exact de ces changements dans la condition sociale de la femme. C'est, au début, un droit de répudiation jalousement réservé au mari qui peut en user en maître absolu ; c'est la limitation de ce droit à des causes déterminées ; enfin c'est l'extension du droit de divorcer, tout au moins pour certaines causes, au profit de la femme.

Dès le ivᵉ siècle de notre ère, entre en jeu une influence nouvelle, celle des Pères de la primitive Église. Ils luttent avec acharnement pour l'indissolubilité du mariage. Ils usent de tout leur pouvoir sur les rois et sur les législateurs pour déraciner des lois positives, une à une, les causes du divorce. Ce n'est qu'à la fin du xviᵉ siècle, au concile de Trente, après avoir provoqué les dissidences du schisme d'Orient et de la Réforme que leur théorie est implantée intégralement dans l'Europe occidentale catholique.

Puis sont venus les temps modernes, le xixᵉ siècle proclamant le principe de la sécularisation du droit dans la plupart des pays de l'Europe. Les canonistes se sont, par là même, vu enlever le privilège de réglementer le mariage et la question du divorce s'est replacée sur son véritable domaine, celui des sciences juridiques et sociales. Il appartient désormais à chaque nation d'admettre ou de rejeter le divorce suivant qu'elle le juge contraire ou favorable à son état politique, à son intérêt général. Le divorce a ainsi commencé de reconquérir le monde, il figure dans la plupart des lois actuelles, mais avec des régimes différents. Suivant la force des influences religieuses, suivant les hérédités, suivant la conception du mariage, les causes admises favorisent ou rendent difficile sa dissolution. La condition de la femme, qui n'a cessé de devenir meilleure au cours des siècles, a eu, elle aussi, son influence et les lois européennes modernes sont pour la plupart arrivées à la conception de la parité presque parfaite des droits entre les deux sexes ; comme conséquence directe, à leur permettre d'invoquer les mêmes causes de divorce.

Celles-ci ont donc subi une évolution remarquable, intimement liée aux changements politiques et religieux, à leurs contre-coups sur la constitution de la famille. Il nous a paru intéressant, laissant de côté les théories générales relatives au principe même du divorce, d'étudier, aux diverses phases de son évolution, quelles furent les causes admises et d'en rechercher la raison. Nous avons ainsi été conduit à diviser notre travail en trois parties.

Dans la première, consacrée à un historique général, à partir des origines jusqu'au seuil du XIXᵉ siècle, en 1789, nous avons examiné successivement, en cinq chapitres : 1º Les lois des anciens peuples de l'Orient ; l'Inde, la Chaldée, l'Egypte, la Judée et la Grèce ; 2º le droit romain ; 3º les lois barbares ; 4º le moyen-âge ; 5º la Renaissance, le XVIIᵉ et le xviiie siècle. La deuxième partie a pour objet la législation française après 1789, c'est-à-dire les trois lois de 1792, de de 1803 et de 1884. Nous avons, de propos délibéré, renoncé à étudier l'application de ces lois par la jurisprudence, parce que la plupart des questions agitées en cette matière sont des questions de fait et que les décisions des tribunaux n'offrent, prises dans leur ensemble, aucun système juridique. Dans la troisième partie, nous avons passé en revue les principales législations étrangères du xixe siècle, en groupant autant que possible les lois ayant des caractères semblables. Nous avons enfin essayé d'établir quelles devraient être les causes de divorce, en synthétisant les théories et les faits analysés dans notre étude.

PREMIÈRE PARTIE

Historique général. — Des origines à 1789.

CHAPITRE PREMIER

ANCIENS PEUPLES DE L'ORIENT

I. **Inde.** — Le poème indien le Mahabbarâta nous apprend qu'à la période originaire « les femmes étaient libres et erraient » à leur guise, en pleine indépendance. Si, dans l'innocence » de leur jeunesse, elles abandonnaient leur mari, on ne » leur en faisait point un crime ». Mais Sevetakehu, fils du roi Rihi Uddalaka, ne put endurer cette coutume; il établit la loi qu'à l'avenir les femmes resteraient fidèles à leur mari; et bientôt les cas de divorce établirent, comme les formes mêmes du mariage, l'infériorité de la femme dans l'Inde primitive. Le seul rôle social de la femme d'alors est la maternité. Il y a, éparses dans les lois de Manou, pourtant douces et humanitaires pour l'époque, une foule de dispositions inspirées par cette idée. Les livres VIII et IX, qui réglementent plus spécialement le mariage et qui énumèrent les causes de divorce, nous révèlent le souci du législateur : accroître la famille d'enfants jouissant des qualités physiques et morales de leur père, capables de continuer le culte des ancêtres. Tel est l'idéal que doit rechercher tout Brahmane bien pensant. Comme moyen de réaliser cet idéal, Manou donne les conseils suivants au jeune homme : Tout d'abord sur le choix de sa femme :

« Qu'il prenne une femme bien faite, dont le nom soit » agréable, qui ait la démarche gracieuse d'un cygne ou d'un » jeune éléphant, dont le corps soit revêtu d'un léger duvet, » dont les cheveux soient fins, les dents petites et les mem- » bres d'une douceur charmante » (¹).

« Pour celui qui boit l'écume aux lèvres d'une « Soudra », » qui est souillé par son haleine et qui a un enfant, aucune » expiation n'est déclarée par la loi » (²).

Le législateur dit ensuite aux époux quelle doit être leur conduite réciproque pour assurer la bonne harmonie et le bonheur dans la famille :

« Les femmes mariées doivent être comblées de présents, » par leur père, leurs frères et leurs maris lorsque ceux-ci » désirent une grande postérité.

» Certes, si une femme n'est pas parée d'une manière bril- » lante, elle ne fera pas naître la joie dans le cœur de son » époux et, si le mari n'éprouve pas de joie, le mariage » demeurera stérile (³).

» Une femme vertueuse qui désire obtenir le même séjour » de félicité que son mari ne doit rien faire qui puisse lui » déplaire soit pendant sa vie, soit après sa mort.

(¹) Lois de Manou (*Les livres sacrés de l'Orient*, Paris, Panthéon littéraire), n. 10, liv. III.

(²) N. 19, liv. III.

(³) Lois de Manou, liv. III, n. 55 et 61.

» Qu'elle amaigrisse volontairement son corps en vivant
» de fleurs, de racines et de fruits purs, mais après avoir
» perdu son époux, qu'elle ne prononce même pas le nom
» d'un autre homme.

» Une femme infidèle à son mari est en butte à l'ignomi-
» nie ici-bas. Après sa mort, elle renaît dans le ventre d'un
» chacal, ou bien elle est affligée d'éléphantiasis ou de con-
» somption pulmonaire.

» Personne ne parvient à tenir les femmes par les moyens
» violents mais on y réussit parfaitement par la douceur » (¹).

Manou arrive ainsi à une définition quasi-évangélique du
mariage : « Celui-là seul est un homme parfait qui se compose
» de trois personnes réunies, savoir : sa femme, lui-même et
» son fils ; et les Brahmanes ont déclaré cette maxine : Le
» mari ne fait qu'une même personne avec son épouse » (²).

Après avoir resserré en des liens aussi étroits que possible
l'union des époux, pour assurer la stabilité du mariage que
le législateur indien considère comme nécessaire, celui-ci
n'hésite pas à permettre, à ordonner même la rupture de ce
lien dans certains cas. Il dispose alors : « Même après l'avoir
» épousée régulièrement, un homme doit abandonner une
» jeune fille ayant des marques funestes, ou malade, ou pol-
» luée ou qu'on lui a fait prendre par fraude.

» Durant une année entière, qu'un mari supporte l'aversion
» de sa femme ; après une année, si elle continue à le haïr,
» qu'il prenne ce qu'elle possède en particulier, lui donne
» seulement de quoi subsister, se vêtir et cesse d'habiter avec
» elle.

(¹) Liv. V, n. 156, 157, 164. Liv. IX, n. 10.
(²) Liv. IX, n. 45.

» Une femme qui néglige un mari passionné pour le jeu,
» aimant les liqueurs spiritueuses ou affligé d'une maladie
» doit être abandonnée pendant trois mois et privée de ses
» parures et de ses meubles.

» Une femme adonnée aux liqueurs enivrantes, ayant de
» mauvaises mœurs, toujours en contradiction avec son mari,
» attaquée d'une maladie incurable comme la lèpre, d'un ca-
» ractère méchant et qui dissipe son bien, doit être rempla-
» cée par une autre femme.

» Une femme stérile doit être remplacée la huitième an-
» née, celle dont les enfants sont tous morts la dixième, celle
» qui ne met au monde que des filles la onzième, celle qui
» parle avec aigreur sur le champ » ([1]).

La réglementation des causes de divorce et celle du mariage en général, d'après la loi de Manou, mettent bien en
lumière cette idée du législateur indou que la femme n'a de
raison d'être qu'en la maternité. Elle y est apte presque au
sortir de l'enfance : ce qui explique son état de dépendance
pendant toute sa vie; ce qui explique la règle qui l'oblige à
à rester fidèle à la mémoire de son époux, lui défend même
de prononcer le nom d'un autre homme et allait jusqu'à exiger que la veuve se brûlât sur le corps de son mari, comme
il est conté au Mahabbarâta.

II. Chaldée. — Le sort de la femme n'est guère amélioré
par les coutumes de Chaldée : elles affirment elles aussi la
supériorité du mari et son droit de répudiation.

En l'an XLI de Nabuchodonosor, le contrat d'une fille
noble, conservé dans la collection de Liverpool (sous le n° 8),

([1]) Lois de Manou, liv. IX, n 72, 77. 78, 80, 81.

nous donne un aperçu de la condition de la femme babylon-
nienne. L'acte, après avoir constaté l'échange des consentements, prévoit les manquements aux devoirs du mariage par
l'un ou l'autre époux; il nous indique ainsi le régime des causes de divorce.

« ... Le jour où Neboahiiddin délaissera la femme Manao-
tesaggil, ou en prendra une seconde, il lui donnera six mines
d'argent ».

Donc, au profit du mari, un droit absolu de répudiation
qu'il peut exercer sans être tenu de donner aucun motif; il
devra cependant payer une certaine somme fixée lors de son
mariage. Quant à la condition de cette femme délaissée par
son mari, elle nous est décrite par la suite de l'acte qui
ajoute : « ... Et elle ira dans un lieu de silence », sorte de
couvent où la femme noble apportait en dot les mines d'argent dues par le mari et où elle était enfermée durant sa vie
pour expier l'humeur volage de celui-ci.

L'acte nous apprend encore que « le jour où la femme Ma-
naotesaggil sera à un autre mâle, elle périra par une épée de
fer ». L'acte se termine par un serment solennel.

III. **Ancienne Egypte.** — A la différence des autres pays
d'Orient, la situation de la femme en Egypte a été privilégiée.
Elle est la maîtresse de maison; elle s'assied en cette qualité
à côté du maître, sur un siège de pareille hauteur ou sur le
même siège, tandis que, partout ailleurs, et particulièrement
en Assyrie, les reines sont assises sur des tabourets de beaucoup inférieurs aux trônes des rois. Les Egyptiennes étaient
très séduisantes, de l'avis des Grecs, et elles profitaient de la
situation que leur faisait leur beauté. Cependant, il s'est constitué en Egypte deux régimes matrimoniaux absolument dis-

tincts : un mariage servile par *coemptio,* où la femme devient
la chose de son mari. Sa situation d'esclave est attestée par
une formule du contrat : « Tu m'as donné (et mon cœur est
» satisfait) mon argent pour être à toi servante. Je suis ta ser-
» vante. Personne au monde ne peut m'écarter de ton service.
» Je ne puis m'opposer à cet asservissement » ([1]). Le mari
peut ainsi répudier sa femme ; il peut aussi la reléguer au
rang des esclaves, des servantes de cuisine. Aussi, lorsqu'une
fille libre contracte, de son plein gré, un mariage de cette
catégorie, a-t-elle soin de faire prêter à son mari : « Serment
à Amon! Serment au roi! Point à te servir d'esclave au dehors!
Point à dire que tu veux m'écarter du service de la chambre
dans laquelle tu es »! Ainsi la femme, bien qu'achetée, limi-
tait ou supprimait le droit de répudiation libre de son mari.
A côté de ce mariage par vente et souvent coexistant avec lui
dans la même maison, par suite des pratiques polygamiques
des Egyptiens, le mariage de première catégorie, le mariage
religieux et sacré, le mariage que nous représentent les stèles
funéraires et les mausolées de la vieille Egypte : « L'an xxiv
pagni du roi Darius, le chouchyte de la nécropole Ptu, fils de
Nesmin, dit à la femme Sebast : « Je t'ai établie pour femme,
je t'abandonne le « faire à toi mari » depuis le jour ci-dessus.
Je ne puis y échapper en tous lieux où j'irai, depuis le jour
ci-dessus à jamais ».

Le mari se lie à sa femme pour l'éternité : il faudra une
faute grave de celle-ci pour que ce lien soit rompu, ou, si le
mari veut la répudier, il paiera chèrement la répudiation
comme l'attestent les formules de contrats thébains. « Je t'ai

([1]) Toutes les citations de textes égyptiens sont prises dans l'ouvrage de M. Eug.
Revillout, *Cours de droit égyptien.*

prise pour femme ; je t'ai donné le prix de ta virginité. Si je te
méprise, si je prends une autre femme que toi, je te donnerai
encore tant d'argent en plus de mon don nuptial. La totalité
de mes biens présents est en garantie des paroles ci-dessus ».

De telles clauses stipulées dans un contrat de mariage donnent à la femme un rôle singulièrement différent de la servi-
lité. Il nous est parvenu un très curieux contrat du temps de
Darius Ier où les conditions et les rôles ordinaires se trouvent
renversés. C'est la femme qui s'adresse au mari ; c'est la
femme qui lui promet une amende si elle le *répudie* et aime
un autre homme : « .....Tu m'as prise pour femme, aujour-
d'hui... ; que je te méprise, que j'aime un homme autre que
toi, je te donnerai le tiers de la totalité de mes biens ». Ce
contrat à rebours, très exceptionnel à coup sûr, nous révèle
cependant un droit de répudiation possible pour la femme ;
il prouve que les Egyptiens ont eu la conception de la parité
complète des droits entre les deux sexes.

IV. **Droit biblique et talmudique.** — La répudiation était
un droit exclusif du mari dans les tribus anciennes soumises
à la loi juive. Le mari pouvait l'exercer suivant son caprice,
sans que la femme eût commis la moindre faute ou donné
lieu au plus léger reproche. Mais des tempéraments nombreux furent bientôt apportés par la tradition. Elle interdit
au mari de répudier sa première femme, celle qu'il avait
épousée dans sa jeunesse. L'idée religieuse elle aussi restrei-
gnit le droit de répudiation. « L'autel, dit le Talmud, verse
des larmes chaque fois qu'une répudiation est prononcée ».

Enfin, certaines tribus anciennes donnaient aux femmes le
droit de répudier leur mari. Elles n'avaient pour cela pas
besoin de prononcer de paroles expresses : il suffisait

d'accomplir un acte signifiant la volonté formelle. Le mari comprenait que sa femme l'avait répudié, lorsque celle-ci changeait la place du gynécée dans la tente de poils de chameau servant de domicile conjugal. Au lieu d'ouvrir la porte à l'orient, elle l'ouvrait à l'occident et le mari savait qu'il n'y devait plus entrer.

Le droit matrimonial des Hébreux a évolué d'une façon remarquable au cours de leur histoire : les causes de divorce comme la situation sociale de la femme ont été modifiées. La Bible ne contient que quatre lois protectrices de la femme et celle-ci est vue avec beaucoup de défaveur lorsqu'elle est divorcée. Le prêtre ne devait pas l'épouser « parce qu'il est saint devant Dieu » ([1]). Les lois du Talmud, au contraire, lui font une place honorable dans la société. Cette différence tient justement au régime des causes de divorce différent aux deux époques.

A. Époque biblique. — Les causes du divorce permises par la Bible ont donné lieu à une controverse célèbre entre l'école d'Hillel et celle de Schamay. D'après la première école, le mari peut divorcer sans donner un motif plausible : « Il peut » dire que sa femme a gâté son repas, il peut dire qu'il a » trouvé une autre femme plus belle » ([2]). Les docteurs de l'école de Schamay, au contraire, n'admettent que la cause d'adultère. La Bible semble donner raison à ces derniers, car elle dit : « Si un individu prend une femme, et si ensuite » elle ne lui plaît pas, parce qu'il a trouvé en elle quelque » chose de honteux, et s'il lui donne une lettre de divorce, » et si elle se remarie avec un autre, et si l'autre la hait

---

([1]) Lévitique, XXI, 7.
([2]) Mischnah ; Ghetin, fol. 70 (Talmud, t. I, p. 395).

» encore pour la même cause, et s'il lui donne aussi une let-
» tre de divorce, le premier ne pourra plus la repren-
» dre » (1). Moïse désigne probablement ainsi le divorce pour
adultère, et à l'époque biblique le divorce n'avait lieu que
pour cette cause. Cela explique pourquoi le prêtre « saint
devant son Dieu », ne peut pas épouser la femme divorcée,
impure parce qu'elle est adultère.

B. Époque talmudique. — La femme qui avait à se plaindre de son mari pouvait-elle obtenir le divorce malgré lui
ou améliorer sa situation d'une façon quelconque? Hormis
quelques rares coutumes d'exception, le droit de la Bible ne
le permettait pas. La loi thalmudique, au contraire, lui a
donné bien des facilités.

Il est tout d'abord une série de cas où la femme est fondée
à exiger du mari une lettre de divorce et a le droit de garder
sa Khethoubah (*premium virginitatis*). Si le mari ne veut
pas l'entretenir ; d'après Samuel, au lieu de le forcer à
répudier sa femme, il vaut mieux le forcer à lui donner
sa nourriture; Rab, au contraire, est d'avis que la femme a
le droit de trouver insupportable une vie qui la force à re-
courir à chaque instant au tribunal pour obtenir ses aliments (2); si le mari veut empêcher sa femme d'aller chez
son père pendant une période d'au moins deux mois; s'il a
fait un vœu pour empêcher sa femme d'aller dans les maisons « de deuil ou aux noces » ; s'il a mis à son vœu la condition que sa femme fasse des choses inconvenantes; s'il fait
un vœu que sa femme n'emprunte ni ne prête rien à ses voisines, tout cela sans motifs, pour l'empêcher de vivre en

(1) Deutéronome, XXIV, l. 4.
(2) Talmud, Perek, VII, fol. 77, Ghemara, 72.

bonne harmonie avec ses voisins (¹); s'il veut l'empêcher de
se nourrir ou de s'habiller selon ses habitudes; s'il est lépreux, s'il a un polype putride des fosses nasales; s'il tra-
vaille dans des choses d'une odeur infecte (²); s'il maltraite
sa femme (³); s'il épouse une deuxième femme sans le consentement de la première. Enfin, le Talmud donne à la femme
malheureuse qui, par délicatesse ou pudeur, ne veut pas
divulguer ses infortunes, une sorte de divorce pour incompatibilité d'humeur : il lui suffit de déclarer qu'elle veut se
séparer de son époux; des essais de réconciliation doivent
être tentés pendant douze mois, pour la faire changer d'avis.
Ce délai passé, le mari est obligé de donner la lettre de divorce et la Khethoubah (⁴).

Le mari, en revanche, pouvait donner la lettre de divorce,
sans subir de déchéances, sans devoir d'indemnité pécuniaire,
toutes les fois que la femme commettait un acte de nature à
faire naître un doute sur sa moralité : si elle se promenait
sur les places publiques, la tête nue; si elle découvrait ses
bras ou sa poitrine; si elle se permettait des plaisanteries
avec les jeunes gens (⁵). Le mari pouvait encore donner à sa
femme la lettre de divorce lorsqu'elle lui refusait le devoir
conjugal. A l'origine, le législateur israélite pensant, dans sa
psychologie, que les femmes de son peuple seraient peut-
être plus obéissantes à la menace brutale d'un appauvrisse-
ment qu'aux suppliques amoureuses de leur mari, avait
édicté la règle suivante : Pendant le temps que durait le refus,

(¹) Talmud, Perek, VII, Mischnah, fol. 71, Ghem., 72.
(²) Talmud, Mischnah, fol. 77.
(³) Talmud, Perek, III, Mischnah, fol. 40.
(⁴) Talmud, Perek, V, Ghem., fol. 63.
(⁵) Talmud, Ketuboth, 72; Mischnah.

le mari déduisait sept deniers par semaine de la somme qu'il avait promise lors du mariage; lorsqu'il se trouvait ne plus rien devoir, si la femme persistait à se refuser, on prononçait le divorce. Plus tard, le législateur s'adressa non plus seulement aux instincts de cupidité qui pouvaient, par hasard, sommeiller au fond du cœur de la femme, mais en même temps il mit en jeu son amour propre. Il décida alors que le refus de la femme serait publié à la synagogue, le jour du Sabbat, pendant quatre semaines consécutives et qu'après ces publications, elle perdrait la somme promise si elle s'entêtait à rester chaste. Enfin une troisième loi a accordé à la femme un délai de douze mois, après lequel étaient prononcés contre elle le divorce et la déchéance de tous ses avantages matrimoniaux ([1]).

Le mari pouvait même divorcer sans indiquer de motifs : par pur caprice; « s'il a trouvé une femme plus belle » dit le Talmud ([2]), qui voit cependant cette répudiation avec défaveur et qui oblige le mari d'humeur aussi changeante à abandonner à la femme délaissée sa Khethoubah, de plus, à pourvoir à son entretien.

Il était enfin des cas où le divorce était non seulement un droit, mais une obligation pour le mari : lorsque la femme commettait un adultère, il était interdit au mari de continuer à cohabiter avec elle; encore lorsqu'il s'était écoulé dix ans depuis le mariage sans qu'il naquit d'enfants ([3]); enfin, pour des raisons sanitaires, lorsque la femme était atteinte de lèpre ([4]).

([1]) Talmud, Ketuboth, 63 a; Haeser, 77.
([2]) Talmud, Ghitin, 670; Mischnah.
([3]) Sota, 6 a; Mischnah, 6, § 15; Gemaboth, 64 a, Mischnah.
([4]) Ketuboth, 77 a, Mischnah.

Telles sont les causes de divorce à l'époque talmudique.
La femme divorcée n'y était plus méprisée comme au temps
de la Bible, parce que, l'adultère excepté, elle pouvait demander la rupture de son mariage pour une série de causes
avouables. Malgré ces causes nombreuses, le divorce était
peu pratiqué chez les tribus d'Israël. La loi juive y apportait une grande gêne par son institution de la lettre de divorce
que le mari demandeur devait écrire ou faire écrire avant de
renvoyer sa femme. Les Israélites ne savaient en général pas
écrire; un usage voulait qu'ils fissent rédiger leur lettre par
le prêtre. Celui-ci avait ainsi, par un moyen détourné, un
droit d'appréciation des querelles conjugales et il refusait
la lettre lorsque le divorce était demandé pour une cause
futile.

En somme, le droit théorique des Juifs a accordé le divorce
avec largesse. Pour le mari, un droit de répudiation absolu;
pour la femme, une longue énumération de causes déterminées; pour la femme encore, une sorte de divorce pour incompatibilité d'humeur avec un délai de douze mois et une
série d'épreuves. Enfin un petit nombre de cas où le divorce
était nécessaire : lorsqu'un époux était lépreux, lorsque la
femme commettait un adultère; lorsqu'elle était stérile. Le législateur d'Israël considère beaucoup plus les effets physio-
logiques du mariage que son caractère moral. Comme les
Arias primitifs, il se préoccupe avant tout de perpétuer et de
rendre forte la race de son peuple. C'est cette idée qui a inspiré toutes les lois matrimoniales des Juifs, comme celles
d'ailleurs de toute l'antiquité.

V. **Droit du peuple grec et particulièrement des Athé-
.niens.** — Les anciens Grecs pratiquaient, au témoignage

d'Aristote (¹), le mariage par achat. Peut-être même, celui-ci avait-il succédé à la forme primitive du mariage par enlèvement. Il est certain qu'au temps d'Homère, comme plus tard dans le droit attique, le mari achetait soit la femme elle-même, soit la puissance sur elle de celui qui l'exerçait. Lors du contrat, le prétendant offrait au père de la jeune fille des présents consistant en bétail, ou en objets précieux qu'on nommait des « ενδα ». Ces « ενδα » représentaient le prix d'achat (au début réel, plus tard symbolique) de la fiancée (²). Le mariage était un contrat synallagmatique, engendrant les obligations réciproques suivantes : d'un côté, la tradition de la jeune fille, de l'autre, la prestation du prix, c'est-à-dire des « ενδα ». Comme les autres contrats, le mariage était rompu pour vices de la chose vendue ou pour inexécution des conditions et les « ενδα » devaient être restitués. La femme n'avait toujours qu'un rôle purement passif. Les mœurs vinrent, peu à peu, adoucir la rigueur de cette pratique et la jeune fille put, dans certains cas exceptionnels, être consultée sur le choix de son fiancé.

Dans une société où le mari épouse sa femme sans la connaitre, sans lui demander son consentement, où le rôle de la femme est moins d'être la compagne du mari que l'économe de la maison (³), le divorce devait être et a été largement permis. Peut-être était-il inconnu au temps d'Homère; l'Odyssée semble parler d'un mariage indissoluble (⁴). Il est bien peu

(¹) Aristote, *Politique*, II, p. 2. 68.

(²) Homère, *Iliade*, IX, 144 et s.; XI, 221 et s.; XXII, 364 et s. — *Odyssée*, II, 52 et s.

(³) Démosthène, C. Nearram, § 122, ὰς δὲ γυναῖκας τοῦ παιδοποιεῖσθαι γνησίως καὶ τὸν ενδὸν φύλακα πιστὴν εχεῖν.

(⁴) *Odyssée*, chant XX, *in fine*.

vraisemblable que les Grecs de l'âge héroïque aient connu un
tel mariage alors que, s'ils ne pratiquaient pas la polygamie,
ce qui est discuté, ils avaient, sous le même toit, une femme
légitime et de nombreuses concubines. Quoi qu'il en soit, au
sortir de l'époque homérique, le divorce a été permis dans
toute la Grèce : à Thurium, les lois de Charondas l'attestent
au profit de la femme et du mari (¹). A Sparte, le mari avait
le droit de répudier arbitrairement sa femme (²). A Cortyne,
le divorce paraît avoir été d'un usage fréquent. A Athènes, il
était accordé très facilement. Il pouvait résulter de la volonté
d'un seul époux, du consentement mutuel ou de la volonté
d'un tiers.

: A. PAR LA VOLONTÉ D'UN SEUL. — Il s'appelait απoπεμψις ou
αποπομπη, c'est-à-dire renvoi, répudiation, lorsque le demandeur était le mari; απολειψις, c'est-à-dire abandon lorsque
c'était la femme. L'institution a suivi le même développement
que chez les autres peuples. Au début, elle fut probablement
à la seule faculté du mari; elle devint ensuite un droit pour
chacun.

Le mari voulant divorcer n'est tenu d'indiquer aucune cause :
il divorce pour un soupçon de jalousie, pour une coquetterie
de sa femme, pour un intérêt pécuniaire, enfin par pur caprice. Le droit attique ne connaît point la nécessité de
l'envoi d'une signification analogue à la lettre de divorce des
Hébreux ou au « repudium » des Romains. La répudiation
en Grèce, est permise au mari, sans entraves.

La femme, elle, n'a pas cette liberté; elle doit aller trouver
l'archonte, protecteur naturel des incapables et lui exposer les

(¹) Diodore de Sicile, XII, 18.
(²) Hérod., VI, 61.

faits. Celui-ci statue, *cognita causa,* et a plein pouvoir d'apprécier la gravité de l'offense. Les causes légitimes de divorce sont pour la femme : la perte de la liberté de son mari ; une maladie répugnante ; les mauvais traitements ou une injure grave. L'adultère simple du mari ne constitue pas une raison de divorcer. Les mœurs athéniennes étaient indulgentes pour les infidélités du mari, d'ailleurs très fréquentes ; mais si l'adultère s'accomplissait entouré de circonstances particulièrement douloureuses pour la femme : si le mari faisait coucher une courtisane dans la maison conjugale ou avait commerce avec un autre homme, l'acte était alors considéré comme une grave injure « κακωσις » et la femme pouvait intenter l'action avec l'assentiment de son « κυριος ».

B. PAR LA VOLONTÉ DES DEUX ÉPOUX.— Au témoignage d'Isée([1]), Ménéclès, âgé, se sépare de sa jeune femme qu'il aimait beaucoup et dont il était aimé, parce qu'il n'espère plus avoir d'enfants et qu'il ne veut pas la condamner plus longtemps à ignorer les lois de la maternité. Avec ce mode de divorce, il n'est pas besoin de l'intervention de l'archonte, de formules sacramentelles ; il suffit de l'accord des deux époux au sujet de la séparation et chacun s'en va vivre de son côté.

C. PAR LE FAIT D'UN TIERS. — Pour si exorbitante que puisse paraître dans notre société la rupture d'un mariage par une volonté autre que celle des époux, elle se comprend très naturellement dans le monde grec, étant connu le rôle social de subordination de la femme. Soumise à son κυριος, c'est-à-dire à son père, son frère consanguin ou son grand-père

([1]) Isée, *De Menech. her.,* § 7 et s.

paternel, elle peut être donnée par lui en mariage, même ne
le voulant pas. Par lui encore, elle peut être retirée à son
mari. Celui-ci, dans certains cas, peut cumuler avec sa qualité
de mari celle de κυριος ; il peut alors abandonner sa femme en
tant que κυριος, en plus de son droit de répudiation ; il peut la
donner à un autre homme : tel est l'exemple de Périclès qui
cèda sa femme Hipponicos.

Platon (¹) a vu un danger dans la réglementation athénienne
du divorce ; il a pensé que celle-ci était une cause de ruine
pour la famille, base de la société, et il a mis un frein à la
liberté du divorce dans sa « République ». Il n'y avait plus
là, la garantie des restitutions de dot parce que Platon bannit
l'argent des mariages de sa cité idéale. Aussi il n'admet
pas le divorce, pour quelque cause qu'il soit demandé, sans
exiger une tentative de conciliation qu'il confie à dix hommes
pris parmi les nomophyllaques et à dix femmes prises parmi
les inspectrices des mariages. Si le conseil juge les causes
alléguées suffisantes, il doit lui-même se préoccuper de trouver un nouveau conjoint bien assorti à chaque époux divorcé.
S'il est né des enfants du précédent mariage, les nomophyllaques et les matrones inspectrices doivent choisir le nouveau
conjoint, en tenant compte non seulement de l'humeur des
époux, mais aussi de la présence des enfants.

Telle est la loi athénienne en matière de causes de divorce.
L'inégalité dans la répression de l'adultère et dans son admission en cause de divorce, injustifiable avec nos idées morales
modernes, s'explique facilement par les traditions et les idées
religieuses de l'antiquité. Quant à la facilité du divorce offerte

(¹) Leges, IX, 929-930.

au mari, elle se comprend avec la forme du mariage et le rôle de la femme dans la société grecque.

Les religions de l'antiquité peuvent suffire, ce nous semble, à expliquer sa réglementation du divorce. Le mariage apparaît comme obligatoire ; le célibat, selon le mot de M. Fustel de Coulanges, « comme une impiété grave et un malheur » (¹) dans une société dont la religion a pour objet principal le culte des ancêtres. Les peuples de race aryenne pensaient que le bonheur d'un mort dépendait moins de sa conduite pendant sa vie que de celle de ses descendants vis-à-vis de sa mémoire. Ceux-ci devaient offrir une série de repas funèbres à l'âme du mort pour assurer son bonheur et l'Hindou disait (²) : « L'extinction de la famille cause la ruine de la religion de cette famille. Les ancêtres privés de l'offrande des gâteaux tombent au séjour des malheureux ». L'impiété grave commise par celui qui décédait sans postérité était de priver les mânes de ses ancêtres des offrandes qui leur étaient dues après sa mort ; le malheur, d'être soi-même privé de ces offrandes. Il fallait donc, à tout prix, perpétuer la famille ; il fallait surtout avoir un fils, un fils de son sang, continuant la personne des ancêtres, qui pût ainsi continuer son culte. Avec une telle nécessité, la fin principale du mariage n'est point l'union de deux êtres qui se donnent librement l'un à l'autre pour associer leurs joies et leurs peines : elle est de faire sortir de l'union de deux personnes dans un même

---

(¹) *Cité antique*, liv. II, chap. II.
(²) Bharavad Gita, I, 40.

culte, une troisième personne qui puisse le perpétuer. Le mariage qui ne produisait pas ce résultat devait inéluctablement être rompu. Aussi les peuples de l'antiquité ont-ils toujours admis le divorce pour impuissance; parce que l'impuissance a pour résultat d'éteindre le foyer de la famille et de priver les mânes des ancêtres de leur culte. Pour la même raison, ils l'ont admis pour infirmités graves rendant la cohabitation ou les rapports sexuels impossibles. Ils ont également permis de divorcer pour adultère de la femme (et non pour adultère du mari), parce que sa conséquence est d'introduire dans la famille un enfant d'une autre race inhabile à participer au culte des ancêtres. Et telles sont les causes originaires du divorce admises chez tous les peuples anciens de race aryenne et même de race sémitique, causes qui sont la conséquence logique de leur conception du mariage, issue elle-même de leur idée religieuse.

CHAPITRE II

DROIT ROMAIN

Aucun peuple de l'antiquité n'a donné, dans la société, une place aussi honorable à la femme que les Romains des premiers temps de la République. La matrone romaine était véritablement la compagne de son mari, au lieu d'être une servante comme en Orient, ou une ménagère comme en Grèce. Aussi Rome eut-elle une conception du mariage plus digne et plus pure que les autres cités. L'union conjugale était un rapport sacré, une communauté religieuse, autant que possible indissoluble. La définition classique du mariage « *viri et mulieris conjunctio individuam vitae consuetudinem continens* », passée à l'état de souvenir et d'idéal à l'époque où elle fut écrite, était rigoureusement vraie au début. Mais à la suite de « l'invasion grecque », l'idée du mariage évolua et la vie conjugale présenta l'aspect antithétique de celui qu'elle avait aux premiers siècles de la République. Enfin, au Bas-Empire, sous la poussée d'une idée nouvelle, l'idée chrétienne, le pur droit romain va être modifié ; le mariage va cesser d'être un contrat. La réglementation va être différente et différentes aussi vont être les causes de divorce aux phases successives de cette évolution embrassant près de quinze cents ans. Nous diviserons leur étude en cinq périodes :

I. **Première période : Avant les XII Tables.** — Avant Romulus, les documents précis font défaut. Cependant il est très vraisemblable que le divorce était en usage chez les habitants du Latium et des diverses contrées qui devaient plus tard former l'empire romain. Nous avons vu, en effet, le divorce pratiqué par tous les peuples anciens de même race que les Romains. Pourquoi l'Italie eût-elle échappé, à son époque, à son hérédité et fait exception à cette règle générale ?

Nous avons, au surplus, un texte de Plutarque ([1]) qui vient apporter une grave présomption en faveur de notre idée. Le texte grec parlant des lois de Romulus sur le divorce, les qualifie de « dures ». Ce qualificatif ne suppose-t-il pas forcément l'existence d'une législation antérieure plus large ? Il nous donne en même temps la certitude que le divorce était permis au temps de Romulus et que ce prince y a apporté des restrictions rigoureuses.

Tous les mariages étaient-ils dissolubles par le divorce ? On a soutenu ([2]) que ceux accompagnés d'une *confarreatio* ne pouvaient être rompus et on a argumenté : 1° du caractère religieux de la *confarreatio*; 2° d'un passage de Denys d'Halicarnasse ([3]) « *Quæ lex hoc erat : uxorem quæ nuptiis sacratis, (confarreatione), in manus mariti convenisset, communionem cum eo habere omnium bonorum et sacrorum* ». On répond victorieusement à l'argument du texte en disant que le passage de l'auteur grec parle d'une union complète mais non perpétuelle. Quant au caractère religieux, il ne prouve rien non plus; car les contrats romains étaient tous, dans le vieux droit,

([1]) Plutarque, *Vita Romuli*, 22.
([2]) Accarias, 97, n. 4.
([3]) D. d'Halicarnasse, 11-25.

entouré de cérémonies religieuses. Bien plus, les divinités étaient souvent parties aux contrats. On n'a pourtant jamais soutenu qu'ils fussent indissolubles, puisqu'il était au contraire de leur essence d'avoir un mode de dissolution correspondant et symétrique aux formes qui les avaient créés. C'est ainsi qu'à la *confarreatio,* cérémonie de formation du mariage religieux, correspondait la *diffareatio,* dont l'objet était de détruire la manus produite par la *confarreatio.*

Aulu-Gelle ([1]) nous révèle à la vérité une exception au principe de la dissolubilité du mariage. Celui du flamine diale n'était pas susceptible de divorce ; cela, pour cette raison bizarre que ce flamine était condamné à être toujours marié. Aussi la mort de la femme lui faisait perdre ses fonctions et le divorce lui était interdit.

Le très ancien droit romain admet donc, si l'on accepte le mariage du flamine, des causes du divorce pour toutes les unions. Voyons quelles elles ont été. Nous distinguerons comme à toutes les époques : le divorce sur la demande d'un époux et le divorce par consentement mutuel.

1° *Par la volonté d'un seul.* — A. En faveur de la femme aucune cause n'était admise : « Ἔθηκε δὲ καὶ νόμους τινάς ὧν σφωρὸς μὲν ἐστ.ν ὁ γυναικὶ μὴ διδοὺς ἀπολείπειν ἄνδρα », nous dit Plutarque ([2]) en parlant de Romulus. Cette règle, qui créait une inégalité choquante entre les deux époux, contraire à l'esprit général du droit romain, venait de ce motif fort simple, d'une logique implacable, qu'à cette époque tous les mariages étaient contractés avec manus, la femme se trouvait par rapport à son mari *loco filiæ,* en puissance, et ne pouvait, par

([1]) Aulu-Gelle, X, 15, § 23.

([2]) Texte précité.

suite, avoir le droit de rompre un mariage, droit appartenant exclusivement au *pater familias* lui-même.

B. Le mari ne pouvait lui-même divorcer que dans des cas
strictement délimités. Cela, en dépit de l'esprit de logique
rigoureuse du droit romain où le mari, en possession de sa
qualité de *pater familias,* aurait dû, étant donnée l'organisation même de la famille, pouvoir briser la *manus* quand bon
lui semblait. Romulus limita au nombre de trois, les cas de
divorce. Hors ceux-ci, le mari qui répudiait sa femme était
privé de la totalité de ses biens : la moitié devant aller à la
femme elle-même, l'autre moitié à Cérès. C'est ce que nous
apprend encore Plutarque (¹) : « ..... Γυναικὰ δε διδοὺς ἐκβάλλειν,
ἐπι φαρμάκεîα τηκνὸν ἤ κλεῖδων ὑποβολὴ καὶ μοιχευθεῖσαν · ἔι δ᾽ ἄλλων
τìς ἀποπέμψαιτὸ, τῆς ὄυσιας αυτοῦ τὸ μεν τῆς γυναîκος εἶναι, τὸ δε τῆς Δη-
μήτρος ἱερον κέλενὼν · τὸν δ᾽ ἀποδόμενον γυναικὰ θύέσθαι χθόνιους θεονîς.
D'après ce texte, les trois cas de divorce étaient ainsi déterminés :

« *a.* ῎Επι φαρμάκεîα τέκνων, ou *veneficium circa prolem* » ;
cas qui vise très probablement le crime de sorcellerie en général, à cause de cette croyance populaire d'alors, que les
sorciers en voulaient surtout aux enfants.

b. « ῾Η κλεῖδων ὑποβολὴ » ou « Falsitatem clavium ». On a
cru longtemps que ces mots désignaient la falsification des
clefs. Mais on est arrivé à une autre solution, dans une opinion récente qui paraît l'emporter. Grâce à un raisonnement
ingénieux, à des rapprochements de textes avec l'observation
de certains traits de mœurs, il a été à peu près prouvé que
les mots « κλειδων » ne désignent que les clefs du cellier, et,
qu'en définitive, le cas ici prévu n'est autre que l'ivrognerie

(¹) Texte précité.

de la femme. Cette opinion est corroborée par ce fait que le vin était interdit aux femmes; par ce détail humoristique, que nous révèle Pline, qu'elles devaient présenter leurs lèvres à tous leurs parents, afin qu'à l'odeur de leur haleine, on pût s'assurer si la loi n'avait pas été transgressée : « *Non licebit feminis bibere. Propinquos feminis osculum dare, ut scirent an temetum est (id est vinum olerent)* (¹). *Ne in(aliquid)dedecus prolaberentur, quia proximus a Libero Patre intemperiae gradus ad inconcessam venerem esse consuevit* » (²), nous disent Pline et Valère-Maxime, qui nous apprennent la prohibition et ses motifs. Les Romains pensaient que le vin rendait leurs femmes trop inconsidérément amoureuses, et, pour prévenir leurs écarts, ils serraient les clefs du cellier.

c. « Καὶ μοιχευθεῖσαν », c'est-à-dire l'adultère de la femme.

Tels sont les trois causes du divorce, sur la demande d'un époux, admises à cette première période du droit romain.

2° *Par consentement mutuel.* — Ce mode de divorce était-il permis au temps de Romulus? Nous n'avons aucun texte précis sur la question. L'affirmative a pour elle le principe général de droit romain que tout contrat issu de la volonté des parties peut se dissoudre par cette même volonté. Mais, en faveur de la négative, il y a un argument plus fort, tiré de l'esprit général de l'œuvre législative de Romulus. Pourquoi d'étroites restrictions au droit de répudiation des époux, s'ils avaient le pouvoir de rompre leur mariage *solo consensu ?* Pourquoi avec de telles facilités, ces lois de Romulus tendant à poser en principe l'indissolubilité d'un mariage où le divorce ne serait admis que très accidentellement et dans

(¹) Pline, *Hist. Nat.*, 14. 13.
(²) V.-Maxime, 17. 5.

des cas strictement déterminés ? Et cela non pas sous l'in-fluence d'idées religieuses ou d'une conception élevée du mariage mais dans un but pratique, utilitaire, pour arriver à une constitution solide d'une famille féconde, pour enrichir l'Etat de vigoureux soldats et assurer dès le début la gran-deur de la Rome future.

II. **Deuxième période : Depuis la loi des XII Tables jusqu'à Auguste.** — Cicéron nous dit expressément, dans sa seconde Philippique (¹), que la loi des XII Tables parlait du divorce. Il y félicite Antoine d'avoir répudié une comédienne conformément aux dispositions de cette loi. Pour quelles causes admettent-elles le divorce ? Voilà ce que les fragments conservés ne nous apprennent pas et ce qu'il faut aller cher-cher dans les diverses allusions des auteurs. Sauf les affranchis et les *alieni juris,* les époux ont eu alors la liberté absolue de se prévaloir ou non des causes de divorce existant à leur profit; quant aux affranchis, ils ne devaient pas divorcer sans le consentement de leur patron qui pouvait les y obliger. Il en est de même des *alieni juris* dont le divorce dépendait entièrement de la volonté du *paterfamilias.* Ces réserves faites, tous les mariages étaient dissolubles. Pour délimiter les cau-ses de divorce, nous distinguerons encore le divorce par une volonté et le divorce par consentement mutuel.

1° PAR LA VOLONTÉ D'UN SEUL : A. *Par le mari.* — Il est pro-bable qu'à la différence du temps de Romulus, les XII Tables permettaient aux maris de renvoyer leurs femmes sans motifs. Les auteurs latins eux-mêmes nous citent des cas de répudia-tion (²) opérées à la période qui nous occupe par le mari

---

(¹) Cicéron, *Phil.,* 28, II.

(²) Valère-Maxime, *Factorum, Diclorumque Memorabilium.*

pour des causes futiles, distinctes à coup sûr, de celles fixées par Romulus. On a été tout naturellement conduit par l'absence de textes législatifs postérieurs à penser que c'étaient les XII Tables qui avaient élargi le cercle des causes de divorce et donné aux maris un plein pouvoir de répudiation. Mais cette omnipotence apparente était, en fait, très atténuée par deux institutions qui la paralysaient : le tribunal domestique et la censure. A partir du moment où les XII Tables ne limitèrent plus les causes du divorce, le tribunal domestique en fut saisi. Ce tribunal était composé non seulement de la famille civile de la femme, mais de ses parents naturels et de ses familiers. Il fonctionnait très régulièrement et rendait des décisions empreintes d'une telle sévérité que les magistrats lui confiaient quelquefois l'exécution des peines prononcées contre les femmes. Valère-Maxime nous raconte qu'il en fut ainsi pour les femmes convaincues d'avoir pris part aux Bacchanales. L'expiation fut si rigoureuse, ajoute l'auteur latin, « qu'elle effaça l'horreur du crime » (¹). Quant aux censeurs, ils n'avaient pas le droit d'empêcher une répudiation non motivée; mais ils avaient la surveillance des mœurs et appréciaient la cause de divorce. Si elle était futile, ils usaient contre le mari des armes terribles que la constitution romaine leur donnait : le marquaient de la fameuse *nota censoria* ou l'excluaient du Sénat. Tel fut le traitement que subit, en 447, Lucius Antonius qui avait oublié de soumettre son cas de répudiation au tribunal de famille (²). Ces mesures constituaient un ensemble de garanties qui fit la célèbre famille romaine, qui fit de la matrone un objet de respect et d'admiration,

---

(¹) Valère-Maxime, 6, 37.
(²) Valère-Maxime, liv. II, ch. IX, n. 2.

vivant une vie heureuse à l'abri des remous du divorce malgré son apparente facilité.

B. *Par la femme.* — La femme put-elle, à cette période, elle aussi, légalement invoquer des causes du divorce ? Eut-elle les mêmes droits que son mari ? La réponse à ces questions ne nous est donnée par aucun texte. Au vi[e] siècle, la femme avait certainement un droit de répudiation. L'avait-elle déjà en 308 ? Ce qui nous invite à le penser, c'est qu'aucune loi postérieure ne le lui a donné ; c'est l'influence des lois de Solon sur les XII Tables (nous savons que les lois grecques permettaient aux femmes de répudier leur mari) ; c'est enfin l'idée générale des lois décemvirales : On peut, avec raison, soutenir qu'elles sont favorables à l'émancipation des femmes et à l'accroissement de leurs droits. C'est ainsi qu'elles ont créé le *trinoxium* en faveur de la femme pour lui permettre d'échapper à la *manus* du mari. Il y a donc quelque vrai-semblance que cette même loi ait été très libérale vis-à-vis de la femme en matière de cause de divorce.

2° *Par consentement mutuel.* — A la même époque, le divorce par consentement mutuel fut lui aussi probablement permis. Ainsi le pense Montesquieu ([1]) : « Du moment, dit-il, que la femme et le mari avaient séparément le droit de répu-dier, à plus forte raison pouvaient-ils se quitter de concert, par une volonté mutuelle ». Il fut, à coup sûr, très peu pra-tiqué. Malgré sa facilité théorique, il n'entra dans les mœurs, comme le divorce par répudiation, qu'au vi[e] siècle.

Jusqu'alors, les Romains en usèrent si peu, que celui de Spurius Carvilius Ruga, en 527 de Rome, provoqua une émo-

([1]) *Esprit des Lois,* liv. XVI, ch. XVI.

tion générale. Il fut mentionné par tous les auteurs de l'époque comme un événement unique, effrayant, à tel point qu'on a cru qu'il était le premier (¹). Quoi qu'on ait pu dire, il est certain qu'il y eut à Rome des divorces avant 527, comme l'attestent les dispositions législatives de Romulus et aussi les exemples cités par Valère-Maxime : La répudiation de la femme de Quintus Antistius Vetus, parce qu'elle parlait dans la rue à une affranchie mal famée; celle par P. Sempronius Sophius dont la femme était allée aux jeux sans le lui dire; celle par Supplicius Gallus en 486 (²).

Ce qui explique le « tolle » général que provoqua le divorce de 527, c'est qu'il fut le point de départ d'une ère nouvelle. Au VIᵉ siècle de Rome, voici venir l'armée des « Græculi »; c'est le scepticisme léger de Carnéade, ce sont les éclats de rire railleur de Plaute tentant avec plus d'efficacité que les géants l'assaut de l'Olympe. La religion, pas plus que l'ancienne constitution de la famille ne vont guère résister à cette poussée hellénique et asiatique : la corruption des mœurs a détruit la censure et le tribunal domestique; le droit de répudiation des maris va être désormais sans limite. On divorce pour un plaisir, pour une envie amoureuse, pour obliger un ami, comme Caton qui céda sa femme Marsa à son ami Hortensius (³). Parfois même, on n'invoque aucun motif. Ainsi Paul-Emile congédia sa femme Papyria, mère de Scipion l'Africain, en disant : « Mes souliers sont neufs, bien faits et cependant je suis obligé d'en changer; nul ne sait que moi

---

(¹) Accarias, 4ᵉ édit. t. I, p. 241. — En sens contraire, Girard, 2ᵉ édit., p. 156, n. 1.

(²) Valère-Maxime, *Factorum, Dictorumque Memorabilium.*

(³) Plutarque, *Vie de Caton*, p. 52.

où ils me blessent » (¹). Cicéron, déjà vieux, répudia sa femme Terentia en alléguant le peu d'admiration qu'elle avait pour lui.

Les femmes n'usèrent pas plus que les hommes du droit de répudiation jusqu'au vi⁰ siècle ; mais alors, on les vit rivaliser avec eux dans l'imitation des mœurs grecques. Comme eux, elles s'ingénièrent à trouver des procédés inédits pour surpasser leurs maîtres d'Athènes dans les raffinements de la table et de l'orgie. Elles pouvaient désormais, elles aussi, compter leurs années par les maris qu'elles avaient répudiés (²).

Le divorce par consentement mutuel était en même temps entré dans les mœurs romaines. Plaute et Térence nous le montrent dans leurs comédies comme de l'essence du mariage. C'est ainsi que toutes les formes de divorce théoriquement permises dès le début furent ensuite démesurément pratiquées par tous, même par ceux qui ont laissé à travers l'histoire une réputation de haute valeur morale, un Caton, un Cicéron, un Paul-Emile. C'est là *un résultat*, mais *non la cause* de l'effondrement social, du changement de la vie romaine au vi⁰ siècle. C'est ainsi que s'expliquent les diatribes furieuses des auteurs latins qui ont déploré, plus tard, quand le fléau eut fait des progrès, le relâchement des mœurs et les abus du divorce. Ainsi s'explique encore l'émotion soulevée autour du divorce de Carvilius Ruga, remarquable non par lui-même ni par sa cause, mais parce que fortuitement il marque le début d'une époque nouvelle où les époux romains avec bien d'autres licences prirent celle de divorcer sans motif.

(¹) Plutarque, *Paul-Æm.*, 5.
(²) Sénèque, *De beneficiis*, III, 16.

III. **Troisième époque : d'Auguste à Constantin.** — Durant cette période très riche en documents précis, tous les mariages sont susceptibles d'être dissous par le divorce, même celui du flamine diale. Il est vrai, à ce que conte Plutarque, que ce divorce est accompagné de solennités bizarres, de rites macabres, évoquant des visions de sorcellerie et de satanisme. A la différence des règles suivies sous la République, les affranchis et les enfants *in potestate*, s'ils ne peuvent pas plus qu'alors, divorcer sans le consentement de la personne sous la protection de qui ils se trouvent, ne sont plus exposés à voir rompre leur mariage contre leur volonté. Dans l'époque antérieure, au contraire, il nous est rapporté des exemples de divorce par la volonté des parents pour des motifs intéressés; pour obtenir une restitution de dot, ce qui explique l'indignation du poète Afranius (¹) s'écriant :

« O indignum facinus, adolescentes optimas
» Bene convenientes, bene concordes cum viris
» Repente viduas fecit spurcitia patris ! »

Dorénavant, à partir d'Antonin (²) nul ne peut être divorcé contre son gré et tous peuvent user librement des causes de divorce qui militent en leur faveur. Cette règle fut vraie d'une façon absolue, sauf trois exceptions : 1° celle relative aux *alieni juris,* qui devaient obtenir le consentement des personnes dont ils dépendaient; 2° celle relative à l'affranchie mariée avec son patron : par un des effets de la *reverentia,* l'affranchie ne pouvait rompre son mariage sans le consentement du patron. Cette exception résulte de la loi Julia et de la loi

(¹) Afranius, *Nonus Marcellus,* I, 394.
(²) Rescrit d'Antonin le Pieux confirmé par Marc-Aurèle et Dioclétien. C. 5, *De repudio.*

Pappia-Poppea[1]. L'affranchie était dispensée de cette forma-
lité toutes les fois qu'elle ne devait pas la *reverentia ;* 3° enfin
la loi Julia *de adulteriis* apportait une troisième exception à
la liberté absolue du divorce : le mari qui connaissait l'adultère de sa femme et ne la répudiait point, était présumé coupable de complaisance intéressée et puni des peines appli-
quées au crime de *lenocinium* [2].

Ces exceptions indiquées, le régime des causes du divorce
était exactement le même que celui de la Rome républicaine.
Auguste n'a pas réduit le nombre de ces causes. Même liberté
qu'à l'époque de Cicéron pour divorcer *uno voluntate* ou
bona gratia. La seule sanction, si la cause est par trop futile,
est une peine pécuniaire, une retenue sur la dot, mais la
séparation reste valable. Aussi le nombre des divorces con-
tinua-t-il à croître démesurément. La réconciliation ayant un
caractère très moral, aucun délai, aucune entrave ne sont
imposés aux époux divorcés qui sont désireux de se réunir;
ils le peuvent aussitôt. Et c'est encore là un encouragement
au divorce. Sénèque [3] nous conte que Mécène s'est marié
mille fois, quoiqu'il n'ait eu qu'une seule femme : « Quand
Terentia a bien lassé sa patience, il la renvoie ; mais une
fois sa colère passée, il le regrette, cherche à se rapprocher
d'elle, lui fait des visites, lui envoie des présents, la supplie
de revenir et elle se laisse persuader : Ce qui effraie son ami
et protégé, le poète Horace [4], trop voluptueux et trop de son
temps pour être facile à scandaliser. Les lois caducaires elles-

---

[1] Ulpien, liv. II, Digeste, *De divor.,* liv. XXIV, 2.
[2] Fr. 2, § 2 ; § 10, 29, pr., Dig., *Ad leg. Jul. de adult.*
[3] Sénèque, *Provident.,* 3, et Ep. 114.
[4] Horace, II, od. 12, 13, 21.

mêmes viennent encore précipiter le mouvement croissant
du nombre des divorces. Les *cælibes* et les *orbi,* craignant les
incapacités édictées contre eux, se marient dans une hâte
fébrile avec des inconnues ; d'où, des unions d'êtres absolument incompatibles. Et on divorce, puisque cela est si facile ;
puisque on n'a même pas besoin de donner un motif ; que les
grands, les élégants, les empereurs donnent l'exemple. C'est
Tibère divorçant avec Agrippine et avec Julie. C'est Caligula
qui ne se rappelle plus le nombre de ses femmes... Et Juvénal
apostrophant les matrones romaines peut s'écrier : « *Sic fiunt
octo mariti quinque per autumnos* » (¹).

IV. **Quatrième époque : de Constantin à Justinien.** —
Nous avons vu le mariage subir une transformation pratique
immense en même temps que les institutions de la Rome primitive s'effondraient sous l'assaut de l'influence étrangère.
Néanmoins, les règles théoriques de droit restaient à peu près
les mêmes et le régime du mariage au temps de Dioclétien
ne différait pas tant du droit des XII Tables. Au iv⁰ siècle de
l'ère chrétienne, le droit de la famille va être détruit et transformé d'une façon complète. Comme les philosophes grecs
du vi⁰ siècle de Rome, les pères de l'Eglise vont arriver en
révolutionnaires, sapant le mariage dans son principe, ne le
considérant plus comme un pur contrat (²), le réduisant au
minimum nécessaire : « Mettons la main à la cognée, dit
Saint Jérôme et coupons par ses racines l'arbre stérile du
mariage. Dieu avait bien permis le mariage au commencement du monde, mais Jésus-Christ et Marie ont consacré la

---

(¹) Juvénal, *Satire,* II.
(²) Saint Paul, « Sacramentum hoc magnum est, ego autem dico in Christo et in
» Ecclesia » (Epist. ad Ephes.), v. 32).

virginité. *Virginitatem Christus, de virgine nascens consecra-*
vit », dit saint Augustin ([1]). En dépit de la phrase évangélique
« croissez et multipliez », la doctrine générale des Pères qui
va peu à peu pénétrer le droit romain et le modifier profondément, c'est que le mariage est une conséquence funeste du
péché originel et que sans cette faute, Dieu aurait par d'autres
moyens pourvu à la conservation de l'espèce humaine. Il est
pour les Pères et plus tard pour les théologiens, quelque
chose d'impur, il constitue un état très inférieur à la continence ([2]). Ces idées devaient conduire tout naturellement à
réduire le plus possible la pratique du mariage : d'où les
efforts de dix siècles, qui aboutiront, au Moyen-Age, à prohiber d'une manière absolue le mariage pour les clercs, d'où
la défaveur des secondes noces, clairement exprimée par le
refus de la bénédiction nuptiale aux seconds mariages ([3]) ;
d'où enfin la suppression des causes de divorce.

Cependant, la question du divorce se débattait en laissant
place à la controverse. Nous étudierons son évolution dans
notre chapitre consacré au Moyen-Age, parce que c'est à cette
époque qu'on aperçoit le plus nettement son esprit général
qui est de rendre le mariage indissoluble. C'est cette tendance née déjà au IVe siècle, qui va lutter contre le principe
de pur droit romain antithétique, puisqu'une clause de non
divorcer n'a pu, jusque-là, à aucune époque, être valable-
ment insérée dans un mariage. C'est cette tendance qui va
pénétrer le droit civil et amener Constantin à supprimer le

([1]) Saint Augustin, *Migne,* tome VIII, 1146.
([2]) Pierre Lombard, *Sent.,* lib. IV, XXXI «... Et nos dicimus illam concupiscen-
» tiam semper malum esse, quia fæda est et pœna peccati ; si non semper pecca-
» tum est ».
([3]) Hostiensis Summa, p. 399

divorce *bona gratia,* à restreindre très énergiquement le droit de répudiation ([1]).

Il n'y eut plus, en effet, désormais que trois causes déterminées de répudiation :

A. POUR LE MARI. — Si la femme est coupable d'adultère, d'empoisonnement ou de proxénétisme.

B. POUR LA FEMME. — Si le mari est coupable d'empoisonnement, d'homicide ou de violation de sépulture. Encore des peines sévères étaient-elles édictées : La femme perdait tout ce qu'elle possédait « *usque ad aciculam capitis* », jusqu'à son aiguille de tête. Le mari devait restituer la dot et même verser l'apport de sa seconde femme, s'il se remariait.

Cette révolution était trop radicale pour que les sujets de l'Empire obéissent, dès le lendemain, à la constitution de Constantin et se privassent des douceurs du divorce. L'esprit général des peuples était contraire : il força Théodose et Honorius à réviser l'œuvre de leur prédécesseur. La constitution de 421 ([2]) distinguait :

1° *Le divorce* sans cause légitime, qui était possible mais exposait l'époux demandeur à des peines très sévères : La femme demanderesse était déportée ; elle perdait tous ses biens et ne pouvait enfin contracter une nouvelle union. Même sanction pour le mari qui cependant échappait à la peine de la déportation.

2° *Le divorce ob mores,* pour mauvaises mœurs, entraînait encore des déchéances, mais moins graves.

3° *Le divorce ob crimen grave,* qui faisait prononcer des déchéances et des peines contre l'époux coupable.

[1] C. 1, C. Th. *De repudio.*
[2] C. 2. *Des repud.,* C. Th.

Cette législation ne répondait pas encore aux besoins sociaux d'alors et Théodose II, par la Novelle XVII, abrogea les constitutions de ses prédécesseurs; il remit en vigueur le droit de l'époque classique. Mais les idées religieuses nouvelles faisant des progrès, ce même Théodose II, en 449, abolit le divorce *bona gratia* qu'il avait fait revivre et limita strictement les causes de répudiation. Il en reconnaissait quatorze au profit de chaque époux.

A. POUR LA FEMME. — 1° L'adultère du mari; 2° l'homicide; 3° l'empoisonnement; 4° la conspiration contre l'État; 5° le faux; 6° la violation des tombeaux; 7° le vol des objets sacrés dans les églises; 8° le vol; 9° le recel; 10° le détournement des bestiaux; 11° la vente d'un homme libre; 12° l'admission dans la maison conjugale d'une femme de mauvaise vie; 13° l'atteinte à sa vie par le fer, le poison, etc.; 14° les coups.

B. POUR LE MARI. — 1° L'adultère de la femme; 2° l'homicide; 3° l'empoisonnement; 4° la conspiration contre l'Etat; 5° la vente d'une personne libre; 6° la violation des tombeaux; 7° le vol des objets sacrés dans les églises; 8° le recel; 9° l'attentat à sa vie; 10° le faux; 11° le fait de s'être mise à table à l'insu de son mari ou malgré sa défense; 12° le fait d'avoir découché sans motif avouable; 13° celui d'avoir assisté sans permission aux jeux du cirque ou aux spectacles; 14° les coups (1).

Législation bien large, comme on peut le voir, et cependant trop étroite pour la conscience commune d'alors, puisque, en 497, Anastase, cédant à l'opinion, réforme encore la législation en vigueur et rétablit le divorce *bona gratia* (2).

(1) C. 8., *De repudio*, C. Th.
(2) C. 6, *De repudio*, C.

V. **Cinquième période** : **Droit de Justinien.** — Justinien
a passé sa vie à modifier les réformes qu'il a voulu apporter
en matière de divorce. D'où un enchevêtrement de lois à peu
près inextricable; la Novelle du lendemain venant toujours
réformer la disposition de la veille.

A. DANS LA LÉGISLATION DU CODE. — Justinien paraît avoir ajouté
quelques nouvelles causes de divorce à celles de Théodose.
L'impuissance du mari pendant deux ans devient une cause
de divorce en faveur de la femme. Le mari, de son côté, put
désormais demander le divorce pour trois nouvelles causes :
1° le fait, de la part de la femme, d'être allée aux bains avec
des hommes « *libidinis causa* »; 2° l'avortement « *sua ope vel
industria* »; 3° la recherche d'un autre mari ([1]).

B. LE DROIT DES NOVELLES prolonge à trois ans la durée de
l'impuissance pour qu'elle constitue une cause de divorce ([2]).
— Justinien raconte naïvement dans sa Novelle « qu'il a vu des
individus rester impuissants pendant deux ans et révéler ensuite
leur vigueur ». La même Novelle prohibe le divorce par consentement mutuel, sauf pour le cas où l'un des époux voudra
entrer dans la vie religieuse, faire vœu de chasteté, « émi-
grer vers une vie meilleure », dit Justinien. La Novelle 117
réduit les causes de répudiation de Théodose. Elles sont désormais :

a) *Au profit du mari.* — 1° La conspiration de la femme
contre l'État; 2° l'adultère; 3° l'attentat à la vie du mari;
4° le fait d'avoir, à l'insu de son mari, soupé avec des hommes
ou de s'être baignée avec eux; 5° le fait d'avoir quitté le domicile conjugal sans autorisation, à moins que ce ne soit pour

[1] C. I, 10 et I, 11, § 2, L. V, tit. 17.
[2] Novelle 22.

se rendre chez ses parents; 6° le fait d'être allée, à l'insu de son mari, au cirque ou au théâtre.

b) *Au profit de la femme.* — 1° La conspiration contre l'Etat; 2° l'adultère; 3° l'excitation de la femme par son mari à la débauche ou à l'adultère; 4° l'accusation d'adultère par le mari contre sa femme, reconnue fausse; 5° le fait d'avoir une concubine au domicile conjugal ou des relations suivies avec une femme habitant la même ville. Les coups ne sont plus une cause de divorce. La Novelle nous apprend que, sauf l'usage du fouet et du bâton qui entraînait une amende contre le mari, celui-ci avait le droit de correction manuelle. Enfin l'adultère simple du mari n'est plus comme sous les régimes précédents une cause de répudiation. Tel est le droit de Justinien.

Telle est aussi dans ses grandes lignes l'évolution du droit romain. Si, après l'avoir étudié à ses différents âges, nous essayons d'en dégager l'esprit général, nous sommes frappés par ce fait que, pendant quinze siècles, le droit romain a toujours admis des causes de divorce. Depuis les XII Tables jusqu'à Constantin, c'est-à-dire pendant dix siècles environ, la loi romaine fut extrêmement large. Aux débuts et à la fin de son évolution, elle a, dans une idée différente, établi des restrictions. Au début, c'est une idée politique qui a inspiré au législateur de l'époque royale ses lois qualifiées « dures » par Plutarque. Au iv° siècle, c'est l'idée chrétienne, l'influence des Pères de l'Eglise, de leurs idées de chasteté qui infléchissent le droit dans le même sens qu'à ses débuts, essayant de le ramener vers la théorie d'un mariage indissoluble; tendance contraire au pur droit romain, aux règles suivies sous la République et durant le Haut-Empire ; tendance qui va se développer pendant tout le moyen-âge, qui n'arrivera à triompher qu'après une lutte acharnée contre les survivances du droit romain classique et aussi contre des lois barbares envahissant de tous côtés le monde romain, toutes très favorables au divorce.

CHAPITRE III

I. Celtes. — Le droit celtique, particulièrement constaté
dans les lois du pays de Galles où il est resté le plus longtemps
à l'abri des atteintes de l'Eglise et pur de toute pénétration
canonique, permettait le divorce avec une extrême facilité. Le
mari avait un droit sans limites de répudier sa femme. Quant
à celle-ci, elle pouvait sans déchéance abandonner son mari
dans trois cas : s'il était lépreux; s'il avait l'haleine fétide et
si tout rapprochement sexuel avec elle lui était impossible :
« *Si leprosus sit vir; si habeat fetidum anhelatum et si cum
ea concumbere non possit* » (¹).

Les unions passagères étaient très pratiquées. Au bout de
trois jours, elles avaient le caractère d'union légitime, puisque
la femme ne pouvait être répudiée sans quelques présents.
Ces unions étaient plus nombreuses que les mariages dura-
bles et le divorce était la fin normale d'une association qui
n'était formée que pour un temps très limité. Aussi Saint
Jérôme écrivait-il dans une lettre : « *Scotorum natio uxores
proprias non habet ut cuique libitum fuerit pacudum more
lasciviunt* » (²). Les anciennes lois bretonnes, en particulier le
Senchus Mór, nous montrent le mariage normalement dissout

(¹) Leg Wallicae, lib. III, tit. 20, c. 31.

(²) Lettre citée par de Valroger (*La Gaule celtique*, p. 526).

à la fête du premier jour de l'été, le 1er mai (¹), et M. Arbois de Jubainville nous apprend que le divorce donnait lieu à une fête de famille, comme le mariage.

II. **Germains.** — Les Germains, malgré leur vie rude et grossière, malgré l'état errant et nomade de leurs tribus, ont fait cependant de la femme germanique un être très pur, un type en quelque sorte exalté de l'antique matrone romaine avec plus de rudesse. Si, chez eux, le mariage s'accomplit sous la forme d'un achat et d'une vente, si le mari paye sa femme d'un *nuptiale pretium,* comme l'attestent la loi des Burgondes et celle des Wisigoths (²), il est cependant un acte en grand honneur. Les Germains l'ont entouré dès le début d'un caractère de religiosité confinant à la superstition dont la mère de famille est elle aussi enveloppée. La femme donne en retour à son mari une entière fidélité : l'adultère est infiniment rare ; il est puni avec la dernière rigueur, comme l'attestent Tacite (³) et saint Boniface dans sa lettre (⁴) où il nous peint, au pays saxon, la femme coupable dépouillée de ses vêtements, les cheveux rasés, pourchassée, cinglée de verges par le mari et les femmes assemblées de toute la bourgade, obligée enfin de se pendre elle-même au gibet ou de se réfugier sur le bûcher destiné à son supplice. Il est même rapporté par Grimm, comme connu par les anciens Germains, un usage déjà constaté dans l'Inde, suivant lequel les veuves se brûlaient sur le tombeau de leur mari.

Malgré ces mœurs d'une pureté de peuple jeune et guer-

(¹) Senchus Môr, II, p. 290.
(²) Lex Burgund., XII, 3; XXXIV, 2; Lex Wisig., III, 1. 2. 4. 5. 6.
(³) Tacite, *Germanie,* ch. XVIII.
(⁴) Epistolæ S. Bonifacii, liv. 19.

rier, le divorce était largement permis et largement pratiqué :

1º Le divorce par consentement mutuel était admis par la plupart des tribus et en particulier par les Alamans; cela est attesté d'une façon indiscutable par les formules de Marculphe (¹);

2º Le divorce pour cause déterminée était permis aux deux époux, principalement pour adultère, meurtre, magie et violation de sépulture;

3º Enfin, la plupart des coutumes permettaient au mari de répudier sa femme par pur caprice, sauf à subir des peines pécuniaires. La femme, au contraire, devait invoquer un cas grave limitativement prévu. Encore la loi des Burgondes lui enlevait-elle ce droit de répudiation et décidait-elle que la femme qui abandonnait son mari devait être noyée dans du fumier (²). Mais c'était là une disposition faisant exception aux règles généralement suivies.

Ce qui peut, ce nous semble, expliquer cette liberté du divorce dans une race aux mœurs très pures, où la famille est fortement constituée et donne à son chef un pouvoir redoutable, c'est un des traits les plus saillants du génie germanique : sa tendance à l'individualisme attestée par la répugnance des anciens Germains pour les villes, leur goût pour les habitations éparses au bord d'un lac ou sur la lisière d'une forêt, génie contraire du génie romain qui groupa, dès le début, ses plus infimes réunions d'hommes, en citadelle, en cité, en ville, en Etat.

Cette tendance individualiste inhérente au caractère des Germains, développée, non plus dans leurs groupements poli-

(¹) Formules, II, 30.
(²) Lex Burg., XXXIV, 1.

tiques et dans la constitution de leur nation, mais dans les rapports de famille, devait logiquement amener une grande indépendance dans les relations des époux et par suite faire autoriser des causes de divorce. Cela n'est d'ailleurs pas contradictoire avec la constitution même de cette famille germanique : les époux ayant une grande liberté d'allures étaient d'autant plus encouragés à se bien conduire qu'ils savaient leurs errements sévèrement appréciés et entraînant toujours le divorce.

III. **Saxons et Danois.** — Les Saxons et les Danois habitant l'Angleterre avant la conquête normande laissaient comme leurs conquérants la plus grande facilité aux époux pour divorcer. Un d'eux pouvait toujours répudier l'autre, sauf à perdre son prix d'achat si c'était le mari, sauf à entrer au monastère si c'était la femme. Le mari pouvait toujours renvoyer sa femme sans aucune pénalité dans le cas d'adultère, ou s'il avait été trompé sur sa vertu en l'épousant alors quelle n'était plus vierge; enfin dans le cas d'inégalité de conditions (¹).

IV. **Les Francs.** — Ils n'ont laissé dans leurs lois et leurs coutumes aucune règle relative au divorce. La loi Salique et la loi Ripuaire, qui organisent très sévèrement la répression pénale de l'adultère, sont muettes sur ses conséquences civiles. Il est cependant infiniment probable que le divorce était dans les mœurs. Nous savons que les princes de la première race en usèrent largement. Théodebert, roi de Metz, avait épousé du vivant de son père Wisigarde, qu'il répudia, l'an 535 pour prendre Deutérie, dame de Cabrières en Auvergne; il la

(¹) Lois d'Æthelbert, 78 et 79, 32 et 76.

chassa à son tour en 542 pour reprendre sa première femme. Chilpéric répudia Andovèze en 564 et épousa trois ans après Galasuinte. Gontran, roi d'Orléans, répudia sa femme et fut excommunié; il fut cependant, à raison des pénitences exemplaires de la fin de sa vie, mis en quelques lieux, au rang des saints. Dagobert répudia Gomalrude, sous prétexte de stérilité.

La même pratique se continue au moyen-âge par la force de la tradition. Chèrebert, roi de Paris, et Pépin, duc d'Austrasie, usèrent du divorce. Charlemagne, au dire d'Eginhart (Vit. Mag. Gest. Franc.), eut successivement cinq femmes : 1° Himiltrude, 2° Hermangarde, fille de Didier roi des Lombards; 3° Hildegarde, 4° Fastrade, 5° Lieutgarde. Il est probable qu'il en répudia deux. Lothaire, roi de Lorraine, répudia Thietberge et épousa Waldrade. Il est vrai qu'il fut forcé par le pape Nicolas Ier de reprendre Thietberge. Rien n'oblige à penser que c'était là un privilège des chefs et des rois. Il est au contraire très vraisemblable que les Francs aient suivi les usages des peuples de même race et que leurs lois, comme toutes les lois barbares, aient été très favorables au divorce; ce qui aide à expliquer la lenteur des progrès du droit canon luttant pour implanter ses théories contraires à toutes les lois de l'époque.

CHAPITRE IV

LE MOYEN-AGE

Le droit du moyen-âge, en matière de causes de divorce, tient entièrement dans l'étude de la longue lutte du droit canon voulant implanter son dogme du mariage, sacrement indissoluble, contre les influences opposées du droit romain et des lois barbares. Mais le principe de l'indissolubilité qui est devenu la règle fondamentale, l'âme même du droit canonique, n'est pas né spontanément. Nous devons donc, avant d'examiner le développement de la théorie, étudier sa naissance et son fondement.

La règle du mariage indissoluble est, tout d'abord, le fruit de l'expérience de l'antiquité qui, à ses époques de grandeur, si elle a toujours admis en théorie la rupture du mariage, a, en fait, respecté sa stabilité. Il apparut déjà au législateur romain, sans entrer dans le domaine de spéculations purement morales, qu'un peuple ne pouvait vivre d'une vie féconde, élargir ses frontières et se perpétuer dans le temps qu'autant que sa famille serait, elle aussi, dotée d'une organisation stable et que le mariage serait en fait dissout le moins souvent possible. Cependant, l'antiquité croyait cet idéal irréalisable à cause de la nature même de l'humanité. Elle pensait qu'il était plus humain, plus sage et plus pratique, de permettre la dissolution d'un mariage contracté par deux

êtres constitués de telle sorte que la cohabitation serait toujours un danger ou un scandale. Le christianisme crut, au
contraire, pouvoir établir comme règle positive et obligatoire
ce qui n'avait été qu'une tendance, un desideratum des législateurs antérieurs. C'est ainsi qu'il essaya, dès le début, de
supprimer les causes du divorce. La théorie de l'indissolubilité, issue de cette idée, va se développer pendant tout le
moyen-âge, grâce aux efforts des Pères de l'Église qui la trouvaient en harmonie parfaite avec leur tendance à réduire le
mariage « au minimum ». Cette idée avait déjà ses racines
chez certaines tribus hébraïques. « Les Esséniens, dit Josè-
phe, repoussent le plaisir comme un mal et estiment que la
continence et la victoire sur nos passions sont des vertus; ils
dédaignent le mariage ». Cette doctrine à l'état embryon-
naire chez les Hébreux eut une immense influence sur le
christianisme. Saint Paul disait : « Celui qui donne sa vierge
en mariage fait bien; celui qui ne la marie pas fait encore
mieux » (¹). Tertullien disait : « *Virginitas et continentia nuptiis anteponenda* » (Migne, II, 909. B. C). Selon Saint Augustin, les enfants vierges brilleront au ciel comme les étoiles
scintillantes. « Speciosior etiam sole et super omnem stella-
» rum pulchritidinem... Virginitas aurum est, cella fornax...,
» caro virginis, vas luteum in quo aurum reconditur, nec vas
» alterius a quolibet artifice reparatur » (Migne, I, 1458). Bien
que le mariage remplisse la terre, c'est la virginité, dit Saint
Jérôme, qui peuple le ciel (²). Il est certain que ces idées des
Pères de l'Eglise sur le célibat et la chasteté cadraient parfaitement avec la prohibition du divorce, prohibition entraî-

---

(¹) Saint Paul, *Ep. aux Cor.*, VII, 38.
(²) *Regio virginis paradisus est*, tome II, p. 103 (Migne).

nant fatalement un célibat forcé pour ceux à qui la cohabitation était impossible.

Le caractère d'indissolubilité du mariage était d'ailleurs présenté comme une conséquence juridique de sa nature même de sacrement figurant l'union symbolique du Christ avec l'Église. C'est là une des justifications, un des fondements rationnels que les auteurs de la théorie canonique lui donnèrent. Mais, au début, on se contenta de l'appuyer sur les déclarations du Christ et sur les passages des Évangiles. Ce n'est qu'à partir de Saint Augustin que les théologiens invoquèrent la notion de sacrement. Il fut établi désormais une relation nécessaire et logique entre le sacrement et l'indissolubilité. Le sacrement de mariage entraîne l'indissolubilité de l'union des époux parce que l'union du Christ et de l'Église était elle aussi éternelle, indissoluble. Le symbole ne pouvait avoir que le caractère de la réalité et le mariage ne pouvait donc être qu'indissoluble : « Hoc enim custoditur in » Christo et Ecclesia, ut vivens cum vivente in æternum nullo » divorcio separetur... Ita manet inter viventes quoddam con- » jugale quod nec separatio nec cum altero copulatio possit » auferre » (¹).

A partir du ixᵉ siècle, avec Heincmar de Reims, la théorie est modifiée. Dorénavant, le mariage n'est indissoluble que lorsqu'il est consommé par la *copula carnalis*, car alors seulement il symbolise l'union parfaite du Christ avec l'Église : « Nec habent nuptiæ in se Christi et Ecclesiæ sacramentum » sicut B. Augustinus dicit si se nuptialiter non utuntur, id est » si eas non subsequetur commixtio sexuum » (²). La même

(¹) Saint Augustin, *De nuptiis et concupiscentia*, I, X.
(²) De Nuptiis Stephani et filiae Regismundi comitis. Op. édit. Sirmond, II, p. 652.

thèse est très nettement développée par Pierre Lombard et
Saint Thomas d'Aquin ([1]). Les théologiens ne se sont pas
d'ailleurs bornés à donner ces justifications; ils ont encore
invoqué les données du droit divin positif et celles du droit
naturel. D'après le droit divin positif, dès la naissance de la famille humaine, Adam inspiré par Dieu lui-même aurait proscrit à jamais le divorce. « Quamobrem homo relinquet patrem
» et matrem et adhærerit uxori suæ et erunt duo in carne
» una » ([2]). Le droit naturel ne ferait que confirmer cette règle,
le mariage ne pouvant atteindre sa fin que s'il est indissoluble. Tels sont les fondements que les canonistes ont donnés
à leur idée, fondements bien difficiles à concilier avec les
coutumes patriarchales et la loi mosaïque admettant le divorce : il fallait dire que ce droit de divorce était une exception, une dispense; et comme elle se trouvait dans une loi
divine, il fallait dire qu'elle émanait de Dieu lui-même. La
conciliation était encore bien difficile entre la théorie et son
fondement tiré des données du droit naturel. Quelle est la
fin du mariage? Ce ne peut être que la perpétuation de l'espèce et la satisfaction des besoins sexuels pour éviter leur dé-
viation. Or, une telle théorie conduit logiquement à admettre
le divorce pour stérilité et pour mauvaise conformation des
organes génitaux empêchant tout rapprochement, ce que n'a
pas voulu faire le droit canon. Enfin, la conciliation était ma-
laisée avec la dissolubilité du mariage des infidèles admise
en droit ecclésiastique parce que ce mariage n'était pas un
sacrement. Qu'importe si la Genèse proclame l'indissolubilité
du mariage au temps d'Adam et d'Eve? Tels sont, malgré

([1]) Hostiensis Summa, p. 348.
([2]) Genèse, II, 23-24.

tout, les fondements que les canonistes ont donnés à leur
théorie lorsqu'ils l'eurent créée. Il nous reste à étudier son
évolution qui va nous montrer la disparition progressive des
causes de divorce d'abord dans la doctrine même des canonistes, ensuite dans la pratique ecclésiastique. Bien que l'indissolubilité du mariage soit le principe fondamental du droit
canon, l'Église a dû, pendant longtemps, laisser à ses justi-
ciables une liberté relative de divorcer conformément à leurs
lois civiles. Nous aurons donc, après avoir examiné la théorie
canonique, et recherché quelle fut son application chez les
peuples qu'elle a directement inspirés, à voir ensuite quelles
règles furent suivies par les lois de ceux qui sont restés en
dehors de son influence : les races scandinaves ; les Assises
de Jérusalem ; le droit byzantin ; enfin, la nouvelle législation
du Koran.

I. **Doctrine canonique.** — La controverse naquit dans les
théories des théologiens à l'occasion d'un texte de Saint
Mathieu. Les autres évangélistes prohibent en général le
divorce ; cette idée ressort nettement de certains passages de
Saint Paul (*Ad Roman.*, VII. 1. 3), de Saint Marc (X. II. 12)
de Saint Luc (XVI. 18). Saint Mathieu, au contraire, permet
la rupture du mariage pour adultère : « Quicumque dimiserit
» uxorem suam, nisi ob fornicationem et aliam duxerit mœcha-
» tur » (¹). Bien que ce texte soit d'une clarté lumineuse et
établisse, sans discussion possible, une cause de divorce :
l'adultère, les théologiens voulurent tenter de le concilier
avec les textes inconciliables des autres évangélistes qui ne
contenaient pas l'exception « *nisi ob fornicationem* ». Cette

(¹) Math., XIX. 7. 9.

intention leur fit donner, du texte de Saint Mathieu, diverses interprétations et leur fit créer une controverse interminable qui devait être célèbre.

Un premier parti de la doctrine prétendait tirer, du passage discuté, une permission de divorcer au profit des deux époux.

Un autre parti, suivant la tradition juive, permettait au mari seul de répudier sa femme adultère. Tel est l'avis de Tertullien qu'il appuie sur une interprétation littérale (¹). Origène, Lactance (²), Saint Grégoire de Naziance (³), le pseudo Ambroise (⁴) professent la même doctrine. Saint Epiphane, plus généreux, permet le remariage aux deux époux (⁵). Astèrius d'Amasée (⁶), Théodoret (⁷) et Hilaire de Poitiers (⁸) admettent deux modes de dissolution du mariage : la mort et le divorce pour adultère. Saint Jean Chrysostôme (⁹) enseigne que la femme adultère n'est plus la femme de son mari : qu'elle est déliée du mariage par le seul fait d'avoir désobéi au devoir de fidélité.

La doctrine était ainsi divisée, hésitante dans son ensemble plutôt favorable au divorce pour cause d'adultère, lorsque parut le traité célèbre de Saint Augustin adressé à Pollentius intitulé : « *De adulterinis conjugiis* ». Le grand théologien

(¹) *Tract. adversus Marcionem*, liv. IV, c. XXXIV).
(²) *Div. institut.*, liv. IV, c. XXIII.
(³) *Oratio*, XXXI.
(⁴) *Super I, Corinth.*, c. VII, c. XVII.
(⁵) *Adversus Hæreses*, n. 59.
(⁶) *Homilia*, in Matth., XIX, 3.
(⁷) *Heretic.*, fab. V, c. XXV.
(⁸) *Commentarius* in Matthaei evangelium, c. V, n. 22.
(⁹) *De libello repudii*, c. III.

attaque avec une égale vigueur les deux théories antagonistes :
celle qui, par l'interprétation stricte de Saint Mathieu ne permettait pas le divorce en faveur de la femme et celle qui le
permettait aux deux époux. Avec le premier système, que
devenait, en effet, le grand principe juridique chrétien d'égalité entre les époux ? Contre les théologiens plus larges qui
donnaient aux deux époux un droit égal de divorcer, Saint
Augustin avait, à défaut de texte, élevé une argumentation
d'une inspiration géniale. La femme adultère, dit-il, devait
être condamnée à mort d'après la loi mosaïque ; la loi chrétienne, plus douce, lui laisse généreusement la vie, mais lui
retranche immédiatement le droit d'en user dans le sens d'un
nouveau mariage, prétendant qu'elle devait juridiquement être
considérée comme « morte au monde ». Au texte de Saint
Mathieu, Saint Augustin opposait les formules plus générales,
sans la restriction « *nisi ob fornicationem* » des autres évangélistes. Il soutenait que les mots « *nisi ob fornicationem* » ne por-
taient que sur la permission de renvoyer la femme adultère,
mais ne contenaient pas la permission d'un second mariage.
Au même texte il opposait encore l'argument tiré du droit
divin positif et celui du droit naturel que nous avons vu pré-
sider à la naissance de la théorie du mariage indissoluble.
Et c'est ainsi que, dans une doctrine très franche, Saint Augustin rejeta toutes les causes de divorce, même l'adultère ; celle-ci,
il est vrai, plus timidement que les autres. Sa grande honnê
teté lui fit plus tard avouer ses doutes : « Imo vero non me
» pervenisse ad hujus rei perfectionem sentio » ([1]). Hanté par
des scrupules de conscience, il enseignait que celui ou celle qui

([1]) *Retractationum*, lib. II, c. XIX.

divorçait pour adultère et se remariait ne commettait qu'un
pêché véniel : « ... et in ipsis divinis et sententiis, ita obscurum
» est utrum et iste cui quidem sine dubio licet adulteram dimit-
» tere, adulter tamen habeatur si alteram duxerit, ut, quan-
» tum existimo venialiter ibi quisque fallatur » ([1]). L'autorité
de Saint Augustin, son génie même, furent impuissants à déraciner du droit matrimonial de l'Eglise la séculaire théorie des
causes de divorce. Heincmar de Reims, au ixe siècle, nous indique que, de son temps, certains théologiens soutenaient encore
le divorce ([2]). Origène nous dit : « Jam vero contra scripturæ
» legem, mulieri vivente viro nubere quidam Ecclesiæ rectores
» permiserunt » ([3]) et Saint Jérôme ([4]) excuse Fabiola de s'être
mariée après avoir abandonné son époux, en raison, il est
vrai, d'une exemplaire pénitence qu'elle accomplit. Cependant
la lutte continue pour l'abolition des causes de divorce. Jonas
d'Orléans ([5]), Fulbert ([6]) et Yves de Chartres combattent pour
l'idée, mais ils n'osent pas, comme Saint Augustin, poser le
principe de l'indissolubilité. Heincmar de Reims, au contraire,
repousse jusqu'au divorce pour adultère ([7]). Et à la fin du
xe siècle, Gerbert se prononce très formellement dans le même
sens ([8]), sans restriction. Cependant nous trouvons encore la
vieille controverse au milieu du xiie siècle dans Gratien ([9]).
Le moine de Bologne essaie de réfuter tous les textes anté-

[1] *Retractationum*, lib. II, c. XIX.
[2] *De Nuptiis Stephani*, édit. Sirmond, p. 665.
[3] In Math., c. XIV, p. 267.
[4] *Ad Oceanum*, c. III, IV.
[5] *De institut. laicali*, lib. II, c. XIII.
[6] Ep. XLII, Roberto Rothomag.
[7] *De div. Lotharii et de Nuptiis Stephani* (*passim*).
[8] *Lettres de Gerbert* (Havet), p. 185.
[9] *Cause*, XXXII. qu. 7.

rieurs paraissant favorables au divorce ; il imagine, dans ce but, des hypothèses infiniment ingénieuses et infiniment compliquées, auxquelles les anciens Pères n'avaient certainement pas songé. Il arrive ainsi à ériger en principe absolu que « dans le cas de *matrimonium ratum et consommatum*, aucun des deux époux ne peut en contracter un second du vivant de son conjoint ». Pierre Lombard adopte la même solution, et, sans s'acharner à réfuter des textes qui sont irréfutables, il déclare net que le divorce pour cause d'adultère est interdit : « Ostenditur quod si causa fornicationis fit separatio, non » potest vir vel mulier in aliam transire copulam » (¹). Il ne s'embarrasse pas autrement des causes de divorce admises antérieurement : la captivité ou longue absence, l'*error conditionis* et l'impuissance. Ces anciens cas de divorce, pour lui comme pour Gratien, vont se transformer en empêchements dirimants. L'évolution de la théorie se sent très bien dans le texte suivant : « Quod autem propter impossibilitatem red- » dundi debitum mulier a viro suo separari non possit aucto- » ritate evangelica et apostolica probatur. Sic enim Christus » in Evangelica : Nulli licet dimittere uxorem suam, nisi causa » fornicationis, unde datur intelligi quod impossibilitas red- » dendi debitum non facit conjugii discidium... His ita res- » ponditur conjugium confirmatur officio ut supra probatum » est; postquam vero officio confirmatum fuerit, nisi causa » fornicationis, non licet viro uxorem dimittere vel uxori a » viro discedere. Verum ante quam confirmetur impossibilitas » officii solvit vinculum conjugii » (²).

Nous voyons ainsi les causes de divorce disparaître de la

(¹) *Sent.*, lib. IV, D. XL. C.
(²) *Cause*, XXIII, qu. I.

doctrine, à la fin du XIIe siècle. Si les papes Urbain III (1185-
1187) (¹), et Célestin III, admettent encore qu'un époux peut
se remarier lorsque son conjoint catholique au moment du
mariage est devenu postérieurement infidèle ou hérétique,
Innocent III repousse cette opinion et les canonistes postérieurs, toujours enclins à déraciner le divorce du droit chrétien,
déclarèrent que les papes Célestin III et Urbain III n'avaient
donné qu'un avis consultatif non obligatoire, équivalant à
l'avis de simples docteurs (²).

II. **Pratique ecclésiastique.** — Malgré cette tendance du
droit ecclésiastique théorique, ce même droit laissa, dans ses
applications, la porte souvent ouverte au divorce et le toléra
pour plusieurs causes. Deux catégories de documents, les uns
et les autres postérieurs à la fin de l'Empire romain d'Occident, les « *Libri pœnitentiales* » et les Capitulaires des rois
francs qui reproduisent exactement la pratique ecclésiastique,
prouvent l'admission de causes de divorce jusqu'à l'époque
de Charlemagne.

Parmi les « *Libri pœnitentiales* », certains, les plus anciens
et les plus récents, affirment la règle stricte de l'indissolubilité (³). D'autres permettent le divorce pour causes déterminées ; peut être même par consentement mutuel. Les termes
généraux de certains passages semblent bien l'indiquer :
« Legitimum conjugium non licet separari sine consensu am-
borum » (⁴). Tout au plus la tolérance de ce divorce était-elle

(¹) C. I. X, *De divort.*, IV-19 (texte dans Friedberg, p. 722).
(²) Gonzalez Tellez, *De divort.*, X, VII.
(³) Vinniaus ; Pœnit. pseudo Egberti ; Pœnit. Merseburgense (cités par M. Esmein,
Le mariage canon., II, p. 60).
(⁴) Pœnit. Theodori, II, 12, § 7 ; Pœnit. Merseburgense, CCXXIII ; Can. Grego-
rii, CLXXXIV (cité par Esmein, p. 60 et 61).

assujettie au contrôle de l'autorité ecclésiastique. Quant à la
répudiation, elle était admise : 1° pour cause d'adultère ;
l'époux coupable était frappé d'une pénitence plus forte
pour le mari que pour la femme : règle tout à fait nouvelle,
l'antithèse du droit de l'antiquité ; 2° pour cause de captivité ; cas qui trouvait une application fréquente à une époque
qui fut vécue en guerres perpétuelles ; 3° pour impuissance
du mari ; 4° pour condition servile d'un époux ignorée de son
conjoint ([1]) ; 5° pour abandon du mari par sa femme ; le péni-
tentiel de Théodore frappe alors le mari qui s'unit à une
autre épouse, d'une pénitence très légère ([2]). D'autres pénitentiels autorisent expressément le remariage avec le consentement de l'évêque, mais sous condition d'une pénitence plus
sévère que certains qui le prohibent ([3]).

Ces dispositions des pénitentiels sont corroborées par les
capitulaires ecclésiastiques des rois francs. En 744 le Synode
de Soissons qui proclama la règle de l'indissolubilité fit une
exception formelle pour la cause d'adultère de la femme :
« Constituimus ut nullus laicus homo Deo sacratam feminam
» ad mulierem habeat ; nec suam parentem ; nec marito
» vivente, suam mulierem alius accipiat ; nec mulier, vivente
» suo viro, alium accipiat quia maritus mulierem suam
» non debet dimittere, excepto causa fornicationis depre-
» hensa » ([4]). Le Synode de Compiègne de 757, auquel assis-
tèrent les légats du Pape Etienne III, l'évêque Georges d'Os-
tie et le sacellarius Jean, reconnut comme causes de divorce :

([1]) Pœnit. Theodori, II, 13, § 5, II, 12, § 22.
([2]) Pœnit. Theodori, I, 14, § 13.
([3]) Capitula Theodori, C. CLIX.
([4]) Baluzius, I, p. 159.

1° la lèpre. L'époux bien portant a le droit de contracter un second mariage avec l'assentiment de son conjoint, que ce soit l'homme ou la femme (¹); 2° l'entrée en religion de l'un ou l'autre époux (²); 3° l'*error conditionis*, qu'il s'agisse de l'homme ou de la femme (³); 4° un cas tout spécial que le Capitulaire indique en ces termes (Bal., p. 182) : « Homo fran-
» cus accepit beneficium de seniore suo, et duxit secum suum
» vasallum, et postea fuit ibi mortuus ipse senior et dimisit
» ibi ipsum vasallum; et post hoc, accepit alius homo ipsum
» beneficium, et, pro hoc ut melius potuisset habere illum
» vasallum, dedit ei mulierem de ipso beneficio, et habuit
» ipsam aliquo tempore; et, dimissa eā, reversus est ad pa-
» rentes senioris sui mortui, et accepit ibi uxorem, et modo
» habet eam. Definitum est quod illam quam postea accipit,
» ipsam habeat ». Il s'agit, comme on voit, d'un homme franc, quittant son pays, qui va dans une province éloignée recueillir un bénéfice. Il emmène avec lui son vassal, puis il meurt. Un autre obtient le bénéfice qui lui était réservé, il s'attache le vassal et lui donne une femme qui doit habiter la terre donnée en bénéfice. Le vassal vit avec cette femme sur cette terre puis revient chez ses parents et chez son premier seigneur, après avoir répudié sa femme. Il peut en prendre une autre et contracter ainsi un second mariage absolument valable; 5° le mari peut encore renvoyer sa femme qu'il a épousée, la croyant vierge alors qu'elle avait été déflorée par son frère (Bal., p. 182, VII). « Si quis, uxore accepta, invenit
» eam a fratre suo contaminatam, ipsam dimittens accepit

(¹) Cap. de 757, C. XVI. Bal., p. 183.
(²) *Idem*, XIII.
(³) *Idem*, V, p. 182.

» aliam, ipsamque contaminatam invenit, uxor illius legitima
» est propter ea quia nec ipse virgo fecit illo tempore. Quod si
» tertiam postea acceperit revertat ad medianam et ipsa pos-
» terior potestatem habeat alio viro se conjungere ». Ce
capitulaire, qui prévoit une série de mutations conjugales,
admet en l'espèce une fin de non recevoir lorsque le demandeur a lui aussi perdu sa virginité lors de son mariage ;
6° l'adultère compliqué d'inceste (Bal., p. 182, VIII). Lorsqu'un des époux a des relations criminelles avec les parents
ou avec les enfants de son conjoint, celui-ci peut divorcer et
se remarier, les deux coupables au contraire sont condamnés
au célibat pendant toute leur vie ; ils doivent en outre subir
une pénitence très sévère.

Le capitulaire de Verberie, de 758 ou 768 d'après Boretius,
(p. 39) reconnait, sauf quelques modifications, les mêmes causes
de divorce. Au cas d'adultère, il confirme le Synode de Compiègne (Bal., II, p. 162). Au cas d'*error conditionis*, il établit
les mêmes règles, mais il prévoit le cas particulier d'un époux
qui a contracté mariage étant libre, a été ensuite réduit en
servitude ; le mariage est dissout et le conjoint libre peut
prendre un nouvel époux. Mais le capitulaire lui refuse ce
droit, nous laissant voir, par là, le moyen-âge parfois bien
malheureux, lorsque son époux a vendu sa liberté, pressé par
la faim et que le prix de cette liberté a empêché les deux conjoints de mourir d'inanition : « ... Nisi pro inopia fame co-
gente se vendiderit et de pretio viri sui a fame liberata fuerit »,
dit le vieux texte, très simple en même temps que très expres-
sif. Le capitulaire de Verberie réforme celui de Compiègne
au sujet de la cause de divorce pour abandon. Celui-ci prohi-
bait cette cause, celui-là l'autorise (Bal., p. 164, IX). Il recon-

naît encore d'une façon formelle la cause d'impuissance :
« Si qua mulier se reclamaverit quod vir suus numquam cum
ea mansisset, eam inde ad crucem et si verum fuerit, sepa-
rentur, et illa faciat quod vult » (Bal., p. 166, XVII). Il défendit
enfin le remariage à celui qui abandonnait sa femme et fuyait
devant une vengeance privée (Bal., 166, XIII). Telles étaient
les règles édictées par les capitulaires francs, et telle était la
pratique ecclésiastique lorsqu'en 789 Charlemagne prohiba
définitivement le divorce (Bal., I, p. 228).

L'Espagne, qui rédigea au moyen-âge son « *Forum judi-
cum* » sous l'influence prépondérante de l'Église, bannit le
divorce de sa législation (For. jud., III, 6. 2) qui fut étendue
au Portugal. L'Italie, l'Autriche et la Bavière adoptèrent
aussi le principe du droit canon. Il s'implanta également en
Angleterre.

Ces pays mis à part, les autres lois civiles de l'époque
furent pour la plupart hostiles au dogme de l'indissolubilité.
En Allemagne, les miroirs de Saxe et de Souabe rédigés au
XIIIe siècle, indiquent une réaction contre la règle ecclésiastique. En Irlande et en général chez les peuples scandinaves,
le divorce reste permis d'une façon persistante pendant tout
le moyen-âge (¹).

III. **Assises de Jérusalem.** — En Orient, dans le royaume
chrétien de Jérusalem et dans tous les États qui obéirent à
ses Assises, le mariage put être dissout pour des causes
même bénignes. Le chapitre CLXVII de la cour des Bourgeois semble bien donner au mari un droit de répudiation
absolu : « S'il avient qu'un hons se soit partis de sa moillier

(¹) Dareste, *Etudes d'histoire du droit*, p. 318,

par aucune juste raison », dit-il, et il parle ensuite du remariage... « parce qu'il aurait pris autre feme... » (²). Le chapitre CCLXLII, lui donne expressément le droit de tuer sa
femme adultère quand il la surprend, à condition qu'il tue en
même temps son complice. Si l'un des deux n'est pas frappé
ou échappe, le mari doit être pendu haut et court. «... Si,
comme il est accoustumé, il avient un jor ou une nuit que le
proudhom entre en sa maison et treuve un autre home qui
gisait o sa feme et le proudhom mist main à un coustel ou
à aucune armeure et ocist ambedeus, ce est sa feme et son
léchour, la raison juge et commande en ci tel raison à juger,
que celui ne det rien perdre ni aver nul damage de son cors ;
mais c'il avint que le mari tuast sa feme sans son amy, ou
l'amy sans la feme, la raison juge et commande eusi à juger
qu'il det estre eusi bien pendus c'il ocit sa feme, com s'il eust
ocit un home estrange » (³). Une loi qui accordait au mari le
droit de tuer sa femme coupable d'adultère devait, ce semble,
s'il voulait lui laisser la vie, lui permettre de la répudier ; ce
que les Assises ne disent nulle part, peut-être à cause de ce
droit ou de vie ou de mort plus exorbitant qu'elles reconnaissent. Elles admettent, au surplus, la rupture du lien conjugal pour des causes infiniment moins graves : « S'il avient
que un hons ait pris une feme et ci la feme devient mezele
(lépreuse) ou cheit dou mauvais maut laidement (tombe du
haut mal) ou li put trop fièrement es le nez, ou pise aucune
nuict au lit si que tout se gastent ces dras, la raison commande que si le mari s'en clame à l'Eglise, celle-ci fait faire
une enquête et le mari peut bien prendre une aultre moulier

(¹) *Assises de la cour des Bourgeois*, Ed. Beugnot, p. 119.
(²) *Assises des Bourgeois*, p. 219.

(femme) » (¹). L'épouse infirme se consolera en entrant en religion. Cette solution des Assises de Jérusalem en matière de causes de divorce eut une influence dans toute la chrétienté. Hostiensis (²) lui-même se demanda au xiiie siècle si de pareilles infirmités ne rendent pas le mariage nul. La facilité relative avec laquelle cette législation admettait le divorce s'explique par ce fait qu'elle est une transaction entre le dogme de l'indissolubilité et le principe de droit séculier favorable, comme les lois anciennes, aux causes de divorce. Elle s'explique aussi par son voisinage avec Constantinople et l'Orient où le divorce ne fut jamais prohibé.

IV. **Droit des Slaves.** — C'est ainsi que les vieilles coutumes slaves fort curieuses, alors en vigueur, étaient très larges au sujet des causes de divorce. Du côté des Karpathes, dans la Russie méridionale et chez certains Slaves du Nord où la forme du mariage la plus pratiquée était encore l'enlèvement, le divorce était si facile et si fréquent qu'il fit croire à l'existence de la polygamie, qui, selon la plupart des auteurs, n'a jamais existé.

V. **Droit byzantin.** — C'est ainsi encore qu'au viiie siècle, l'Ecloga Constantini et Leonis, à une époque de foi aussi ardente que celle des Iconoclastes, disposa : « L'homme est délié de son mariage pour les causes suivantes : 1° si la femme se prostitue ; 2° si elle en veut à la vie de son mari par quelque moyen ; 3° si elle ne l'avertit pas des embûches qu'elle sait dressées contre lui ; 4° si elle est lépreuse. Réciproquement, la femme peut se délier de son mari pour les causes suivantes : 1° si après trois ans de mariage le mari n'a pas pu se rappro-

(¹) *Assises de la Baisse Court*, C. CLXXII.
(²) Summa, p. 377.

cher sexuellement de la femme ; 2° s'il en veut par quelque
moyen à la vie de sa femme ; 3° s'il ne dénonce pas les embûches
dressées contre elle ; 4° s'il est lépreux. Et s'il arrive qu'un
des époux veuille après le mariage entrer en religion, le mariage
ne sera pas rompu, à moins qu'il n'existe à son profit une des
causes sus-énoncées » ([1]). A l'époque de Léon le Philosophe
et de Basile le Macédonien, le droit byzantin remet en vigueur
la législation des Novelles de Justinien et nous retrouvons les
causes du divorce admises par le droit romain dans son dernier état ([2]).

VI. **Droit musulman.** —. Enfin, à cette même époque, chez
les musulmans de l'Europe et du Nord de l'Afrique, Mahomet
se garda bien de suivre les idées chrétiennes sur le mariage
et sur le divorce. Le pays et la race pour lesquels il légiférait
devaient le conduire à bâtir son œuvre législative avec des
idées essentiellement opposées à celles des Pères de l'Eglise.
Il devait compter avec les forces de la nature : le climat chaud
d'Orient; le penchant à la volupté naturellement porté à
l'excès; la polygamie invétérée dans les mœurs; la vie sen-
suelle si fortement enracinée chez l'Arabe, qu'à l'exemple des
autres législateurs orientaux, Mahomet crut devoir la prolonger au-delà du tombeau et peupler son ciel de houris. Il com-
prit parfaitement qu'il était obligé, dans sa mission de législateur, de donner un cours régulier a la passion excessive des
Arabes pour les femmes. D'où de très nombreux vers du Koran
consacrés à la réglementation des rapports sexuels; d'où des
dispositions telles que celle-ci pouvant paraître étrange dans
un texte sacré : « Vos femmes sont votre champ, dit le Koran,

---

[1] Ecloga, tit. II, 10. 2.
[2] *Basiliques,* liv. 28, tit. VII; *De repudiis,* C. 7.

cultivez-le toutes les fois qu'il vous plaira; approchez-vous
de vos femmes : elles vous sont aussi utiles que vos vêtements
et vous leur êtes aussi nécessaires que leurs vêtements ». D'où
la permission de la polygamie, d'où enfin l'admission assez
large du divorce.

Les causes du divorce d'après le Koran sont (¹) :

1° Le consentement mutuel des époux avec des conditions
et des preuves que la vie commune est insupportable.

2° Hors le consentement mutuel, la femme voulant divorcer
doit porter sa demande devant le Câdi, qui a un libre pouvoir
d'appréciation, mais qui ne doit dissoudre le mariage que
pour adultère, pour sévices graves bien établis, pour débauche
du mari, pour refus par celui-ci de coucher avec sa femme, la
nuit du vendredi au samedi particulièrement consacrée aux
devoirs conjugaux; encore si le mari refuse à sa femme l'argent nécessaire pour s'aller baigner deux fois par semaine.

3° Le mari est toujours libre de répudier sa femme, mais
il doit prêter trois serments successifs à trois mois de distance,
devant deux témoins ou devant le Câdi. Ce n'est qu'après ce
délai, et après avoir ainsi solennellement exprimé sa volonté,
qu'il a le droit de renvoyer sa femme : « O croyants, dit le
Koran, ne répudiez vos femmes qu'au terme marqué. Comptez
les jours exactement. Avant ce temps vous ne pourrez ni les
chasser de vos maisons, ni les laisser sortir, à moins qu'elles
n'aient commis un adultère privé. Tels sont les préceptes de
Dieu. Le transgresseur perd son âme. Le terme venu, vous
pouvez les renvoyer suivant la loi. Appelez des témoins équi-
tables pour assister à vos engagements, que le ciel soit pris à
témoin de leur sainteté ».

(¹) Pharaon et Dulau, *Droit musulman*.

Pour être conforme à la volonté de Dieu, la répudiation
doit en outre avoir lieu « pendant la pureté de la femme »,
c'est-à-dire en dehors du temps de ses infirmités périodiques
et elle doit être faite avant que le mari ait eu des rapports
avec sa femme depuis « son état de pureté ». Enfin elle ne
peut avoir lieu pendant « *l'euda* » qui est un délai de trois mois
de viduité, commençant lors de la première répudiation. Ainsi
accomplie, la répudiation est dite régulière parce qu'elle est
conforme à la « *souna* ». Les auteurs musulmans ont cherché le
pourquoi de ces règles édictées par le prophète dans l'histoire
religieuse. Il y est rapporté que le fils d'Omar s'était séparé
de sa femme à un moment inopportun, et que Mahomet l'avait
forcé à reprendre la vie commune. Les interprètes en ont tiré
une règle générale, obligatoire pour l'avenir. Mais Mahomet
a annulé la répudiation d'Omar, et, par ce fait soumis la répudiation aux conditions sus-énoncées, pour une raison morale
et pratique, qui apparaît bien clairement : c'est empêcher la
confusion de part; c'est même empêcher la répudiation de la
femme à l'état de grossesse, parce qu'elle se trouve alors
mal disposée pour la lutte de la vie et la loi de Mahomet a
ainsi un fondement très humanitaire [1].

Au iiᵉ siècle de l'hégire, s'introduisit la pratique d'une répudiation plus facile, dite irrégulière, d'après laquelle le mari
peut renvoyer sa femme à toutes époques, et prononcer les
trois serments en même temps. Les formules de divorce se
divisent alors en formule « baïn » et « redjaï ». La première
dissout le mariage immédiatement et ne permet le retour de
la vie commune, que par un nouveau contrat librement con-

[1] Le Coran (livres sacrés de l'Orient). *Cas de divorce*, ch. II, 227-232 ; ch. 50-1°.

senti. Il est même une variété de la formule baïn, la plus radicale, qui empêche le remariage, à moins que la femme renvoyée n'ait été épousée par un autre homme et répudiée à nouveau. La formule « redjaï » n'oblige les époux qu'à se séparer. Le mari n'a plus le droit de coucher ou même de manger avec sa femme, mais il peut la reprendre quand il veut. La répudiation est toujours « baïn » lorsqu'au moment où elle est faite, la femme n'a pas eu de rapports sexuels avec son mari ou si la formule employée est « triple », dans les autres cas elle est « redjaï ». Enfin elle peut être pure et simple ou conditionnelle.

Telle est la législation du Koran en matière de causes de divorce ; législation certainement large, mais qui réglemente néanmoins la matière avec beaucoup de circonspection. Tout en tenant compte des exigences du climat et des forces ethniques, elle a entouré le divorce, toujours possible en thèse, de formalités longues et minutieuses, qui obligeaient le demandeur à réfléchir avant ou pendant le procès, et assuraient dans une certaine mesure la stabilité du mariage.

En face de cette législation d'Orient, l'Eglise catholique de Rome nous montre au XIIIe siècle la théorie du mariage indissoluble arrivée à l'état de doctrine incontestable. Désormais, le moyen-âge avec son esprit fort disputeur mais point critique, va se dépenser tout entier à chicaner sur des controverses interminables, des conciliations de mots inconciliables. Peu novateur, il se garda bien de rien toucher aux lignes principales de l'édifice lentement construit par les siècles : il en fut ainsi relativement au droit matrimonial et aux causes de divorce.

Au XVIᵉ siècle, au contraire, l'esprit est tout différent : c'est l'époque du libre examen ; il s'agit de réformer l'Eglise « *in capite et in membris* ». La question des causes de divorce et le principe de l'indissolubilité vont, eux aussi, comme toutes les institutions nées du droit du moyen-âge, comme celles transmises par l'antiquité, être soumises à la discussion.

Du Concile de Trente sortira le principe de l'indissolubilité, confirmé et plus solidement assis dans le catholicisme d'occident; mais partout ailleurs, les lois positives et religieuses affranchies après la lutte, admettront librement et d'une façon définitive des causes de divorce.

CHAPITRE V

Un événement immense du xvıᵉ siècle, tant en matière de droit que de théologie, fut le concile de Trente. Il fut le résumé, la liquidation des idées d'une période finie, le point de départ d'une ère nouvelle. Le droit matrimonial qui avait été accaparé par l'Eglise, à tel point que les coutumes et les ordonnances de notre vieille France se sont presque toujours abstenues de le modifier, y fut longuement discuté. Tout spécialement, les causes du divorce y soulevèrent d'orageux débats.

Nous allons suivre les phases de cette discussion ; nous verrons ensuite son résultat : le couronnement de l'édifice canonique dans les pays latins, la consécration définitive par le concile de la doctrine abolissant le divorce ; l'affirmation des règles opposées chez les peuples germains gagnés à la réforme, hormis les Anglais, qui resteront encore longtemps fidèles au principe d'indissolubilité.

I. **La discussion du concile.** — Lorsque la question se posa devant le concile, les idées du droit canon orthodoxe avaient été très nettement repoussées par l'école protestante qui admettait le divorce non par consentement mutuel mais pour

causes déterminées ([1]). Cette école prétendait sa doctrine directement inspirée des textes des Ecritures et de l'histoire de
l'Eglise, mais elle se divisait elle-même en deux camps principaux, lorsqu'elle voulait délimiter les causes du divorce. D'après
certains docteurs, la seule cause admise par les textes était
l'adultère, auquel ils assimilaient l'abandon prolongé et voulu
d'un époux par l'autre. Une seconde opinion, plus favorable
au divorce, admettait encore les coups et les sévices ([2]). Mais
le parti orthodoxe du concile n'avait garde de tenter la conciliation de ces dissidents. Il voulait, avant tout, écarter la cause
d'adultère. Il sentait, en effet, qu'elle était un point important de la lutte, une position extrêmement forte ; que si, par
elle, une première brèche était faite au principe de l'indissolubilité, les autres causes passeraient aisément à sa suite.
Aussi est-ce la question du divorce pour cause d'adultère que
le concile discuta tout d'abord ([3]).

Elle fut soumise à l'examen préalable des *theologi minores*
dont le rôle était de déblayer le terrain en donnant un avis
motivé. Leur argumentation tendant à écarter le divorce pour
quelque cause que ce soit, même pour adultère, se résumait
à montrer que l'indissolubilité était une conséquence nécessaire du mariage sacrement. Elle opposait cette unique raison à celles tirées de l'idée de justice, du passage célèbre de
saint Mathieu et des écrits des anciens Pères, favorables au
divorce ([4]).

([1]) Richter Dove Kahl, *Lehrbuch des catholischen und evangelischen Kirchen-
rechts*, p. 1175 s.

([2]) Richter Dove Kahl, *Lehrbuch des catholischen und evangelischen Kirchen-
rechts*, p. 1178 s.

([3]) Theiner, *Acta genuina*, II, p. 232 et 246.

([4]) Theiner, *Acta*, II, p. 244 à 249.

Ce premier examen de la question enfanta un canon que
l'on soumit aux Pères du concile : « *Anathema sit* » (¹) dirent
ceux-ci, contre tous les théologiens favorables au divorce pour
adultère et personne n'osa franchement présenter la défense
de cette cause de divorce, bien qu'elle eût dans l'assemblée
beaucoup de partisans. Un grand nombre de théologiens, il
est vrai, protestèrent contre l'anathème. Ils demandèrent qu'on
la bannît dans une forme plus chrétienne et moins violente
que celle d'une malédiction lancée contre tous ceux ayant été
de très bonne foi les apôtres de l'idée condamnée (²). Les
Pères de la primitive Eglise n'avaient-ils pas admis le divorce (³)? La pratique des tribunaux ecclésiastiques n'y avait-
elle pas souvent été favorable (⁴)? L'Europe orientale n'avait-
elle pas toujours refusé de le rayer de ses lois (⁵)? La chrétienté tout entière était intéressée à ce qu'un aussi grand
nombre de ses enfants ne fussent pas atteints par les rigueurs
de l'anathème. Ces considérations eurent pour résultat de
faire soumettre une deuxième fois le projet de canon à la rédaction, d'où il revint d'ailleurs conçu dans les mêmes termes
qu'auparavant (⁶). C'est alors que les délégués de la République de Venise présentèrent une pétition. Celle-ci exposait au
Concile que la République italienne avait beaucoup de sujets
grecs soumis au Saint-Siège, mais obéissant aussi aux lois et

(¹) *Id.*, p. 313, IV, Canon 6.
(²) *Id.*, p. 316 à 332.
(³) *Id.*, p. 316; p. 330; p. 320; p. 332.
(⁴) *Id.*, p. 351 « Aliqui doctores asserunt dissolvi matrimonium propter mino-
» rem causam quam adulterium... Verissimile est quod tempore Tertuliani usus
» ducendi aliam uxorem erat in ecclesia Africana, tempore Hilarii in ecclesia Gal-
» licana, tempore concili Toletani in Hispana ».
(⁵) *Id.*, p. 359.
(⁶) *Id.*, p. 335, Canon 7.

coutumes de l'Eglise d'Orient. Elle demandait une nouvelle
rédaction du projet pour soustraire ses sujets au malheur de
la malédiction (¹). Très vive fut l'impression de cette supplique sur les Pères du concile. Beaucoup d'entre eux l'ac-
cueillirent très favorablement, s'en firent même les défenseurs (²). La majorité semblait se rallier à cette idée ; elle
désirait confirmer la doctrine du droit canon d'Occident sans
vouloir en faire un dogme, lorsque le cardinal de Lorraine
entra en scène et proposa une rédaction dite de conciliation :
il acceptait l'exclusion de l'anathème, mais ajoutait que la doctrine de l'Eglise romaine était conforme aux Ecritures (³) ; ce
qui condamnait encore les Grecs dissidents, puisqu'ils admettaient le divorce et que les livres saints ne l'admettaient pas.
Le canon fut encore modifié (⁴). Il reparut une troisième fois
et ne contint pas encore la formule heureuse qui devait être
acceptée par tous les Pères. Certains la trouvaient trop sévère ;
d'autres trop adoucie (⁵). Il fut encore soumis à une quatrième
rédaction qui lui donna sa forme définitive prohibitive du divorce pour adultère sans anathème. Il ne fut, malgré tout,
adopté qu'avec une opposition ferme de l'évêque de Gre-
nade (⁶), de l'évêque de Palerme et avec une protestation so-
lennelle de l'évêque de Nicosie (⁷) au nom des Grecs soumis
au Saint-Siège ; de telle sorte qu'il resta toujours controversé

(¹) Theiner, *Acta*, II, p. 338.
(²) *Id.*, p. 339, 340, 341, 344, etc., p. 371 : « Patres qui petunt satisfieri oratoribus
» venetis sunt ».
(³) *Id.*, p. 338 : « Posset addi, juxta scripturas ».
(⁴) *Id.*, p. 387, VII.
(⁵) *Id.*, p. 392 à 395.
(⁶) *Id.*, p. 428 : « Non placet canon de adulterio, quia ea damnatur sententia
» multorum Sanctorum ».
(⁷) *Id.*, p. 464.

en droit canon de savoir si, en définitive, la décision du concile de Trente était l'affirmation d'un dogme ou la solution
d'un problème de doctrine ecclésiastique relatif à la traditionnelle cause du divorce : l'adultère.

Mais l'école protestante admettait d'autres causes de divorce
que l'adultère. D'après trois propositions de Calvin, elle permettait de dissoudre le mariage pour différence de culte,
pour longue absence et pour *inconvenientia in conversa-
tione* (¹). Le cardinal de Lorraine demanda leur condamnation et proposa l'adjonction d'un nouveau canon que le concile
adopta sans amendement ni opposition (²). La résistance était
brisée : Les dissidents qui avaient été ramenés sur le terrain
qui leur était le plus favorable, étaient réduits au silence.
Aussi le concile ne songea point à condamner les autres causes
de divorce, celle basée sur crime grave, qui était d'ailleurs,
au xvi° siècle, presque toujours une cause de dissolution de mariage sans être une cause de divorce parce qu'elle entraînait
la mort. Le concile n'eut pas non plus à discuter la cause
d'entrée en religion par un conjoint qui n'avait pas encore
consommé le mariage. La tradition canonique avait d'une
façon constante autorisé la rupture d'un tel mariage. Un canon avait été rédigé dès le début du concile. Il permettait la
dissolution du mariage dans ce cas ; il fut voté sans modifi-
cation (³), perpétuant ainsi après le concile de Trente la règle
du droit antérieur. Il en fut de même du *casus apostoli :* un
mariage entaché de *dispar cultus* pourrait à l'avenir être
rompu bien qu'il eût été suivi de la *copula carnalis.* D'ailleurs

(¹) *Id.*, p. 314.
(²) *Id.*, p. 386.
(³) Theiner, II, *Acta*, p. 335.

toutes ces causes de dissolution, comme celle basée sur l'impuissance, comme celle basée sur l'*error conditionis*, de véritables causes du divorce, vont être désormais cataloguées sous le chef de nullités de mariage basées sur un empêchement dirimant. Après le concile de Trente les vers mnemotechniques qui donnaient la liste des empêchements dirimants furent modifiés afin de les contenir tous. Cabassut ([1]) nous a conservé la liste suivante :

« Error, conditio, votum, cognatio, crimen,
» Cultus disparitas, vis, ordo, ligamen, honestas,
» Affinis, emptor si clandestinus et impos
» Haec facienda vetant, connubia facta retractant ».

Ils ont ainsi absordé les causes de divorce. En théorie tout au moins, le divorce, à partir de 1563, va être définitivement et irrévocablement banni de la législation de l'Eglise romaine.

II. **Peuples de race latine.** — Par suite de l'influence de l'Eglise sur le droit matrimonial des peuples latins, il sera banni aussi des coutumes et des lois des pays où cette influence s'est directement exercée, c'est-à-dire l'Italie, l'Espagne, la France et certaines provinces de pays protestants, qui sont, comme la Bavière, demeurées catholiques. Dans ces pays, en dépit de la lutte des jurisconsultes revendiquant le mariage comme un contrat, en dépit des protestations de la plupart des chefs d'Etats qui voyaient dans les décisions du Concile de Trente une ingérence du Saint-Siège dans leur souveraineté, le mariage a été, jusqu'au XIXᵉ siècle, considéré comme un sacrement doublé, il est vrai, d'un contrat, mais si intimement soudé

([1]) Cabassut, Theoria et praxis juris canonici, I. III, CXXII, n. 1.

à lui que les deux éléments étaient inséparables, avaient le
même caractère ; d'où l'on déduisait nécessairement l'indi-
solubilité du contrat-sacrement et d'où l'on proscrivait toute
cause de divorce.

  III. **Peuples de race germanique.** — Cependant les pays
germaniques, gagnés à la réforme dont le droit a été formé
d'une fusion d'éléments romains, de droit canon et de coutumes locales, étaient le siège, au xive siècle, d'une renaissance
de droit romain. C'est alors que furent créées les Universités
où l'on enseigna le droit romain comme loi d'Empire. Parallèlement à cette recrudescence d'influence romaine, les statuts
locaux, les vieilles lois territoriales succédant aux lois barbares avaient été codifiées et avaient force obligatoire. Tels,
les Miroirs de Saxe et de Souabe, lois très libérales en
matière de divorce qui répondaient aux aspirations du pays,
mais qui étaient contraires aux prescriptions canoniques et
furent condamnées par une bulle de Grégoire IX. Chaque
ville allemande, au moyen-âge, eut bientôt sa coutume qui,
modifiée par le droit romain ou canonique, enfantera le landrecht germanique. Cette double influence du droit romain et
des coutumes du pays très favorables au divorce, comme les
lois barbares d'où elles étaient sorties, explique à merveille
que les efforts de l'Eglise aient été impuissants à déraciner
le divorce de l'Allemagne protestante. En 1537, la diète de
Smalcalde, en réponse aux lois canoniques de Rome qui,
théoriquement, étaient exécutoires en Allemagne, proclamait
le rétablissement du divorce mais n'en indiquait pas les
causes. On admit alors que le divorce serait permis dans les
cas prévus par l'Evangile. Restait à déterminer ces cas. On
ne s'entendit pas plus dans les facultés allemandes qu'on ne

s'était entendu dans les conciles ou dans les écoles de théologie de France et d'Italie. Une première opinion interprétait
strictement le texte évangélique et n'autorisait le divorce que
dans le cas d'adultère de la femme. Une autre, qui l'emporta,
soutenait que l'Evangile parlant d'adultère de la femme citait
la cause principale mais qu'il permettait implicitement le
divorce dans d'autres cas (¹). Les jurisconsultes et les théologiens protestants limitaient en général ces cas à l'abandon,
aux sévices, aux injures graves et à la peine infamante. Les
époux catholiques restaient soumis à leur loi religieuse et la
théologie protestante déclarait leur mariage indissoluble lorsqu'il était consommé. Le droit commun allemand va rester
fidèle à ces règles jusqu'à la promulgation du code Frédéric,
à la fin du xviiiᵉ siècle qui, sous la poussée des idées philo-
sophiques d'alors, admettra un grand nombre de causes de
divorce (C. Frédéric, t. III, art. 1), que nous verrons encore
en vigueur pendant tout le xixᵉ siècle. Certaines parties de
l'Allemagne et en particulier la Bavière ont au contraire
proscrit le divorce (C. Max, 1ʳᵉ partie, c. 6, § 40 à 43).

IV. **Peuples scandinaves**. — Ils admettent la dissolubilité
du mariage dans une large mesure, d'après leurs vieilles
coutumes locales fixées au xviiᵉ siècle dans des lois qui furent
après leur promulgation considérées comme des miroirs de
justice. Elles sont en vigueur encore aujourd'hui; nous les
examinerons avec le xixᵉ siècle.

V. **Angleterre**. — Bien que gagnés à la réforme, les
Anglais obéirent, à partir du Concile de Trente, au principe
du droit canon. Un statut d'Henry VIII (²) proclame indisso-

(¹) Richter Dove Kahl, ouv. précité, p. 1175 s.
(²) Henry VIII, 38.

luble, conformément à la doctrine canonique catholique, le mariage contracté par deux personnes capables, consommé corporellement et duquel il est né un enfant. Le droit anglais, à partir du xvi⁰ siècle, admet à peu près le régime canonique du mariage : les mêmes nullités, la même prohibition de causes de divorce; comme remède aux ménages malheureux, il ne donne lui aussi que la séparation de corps. La pratique de l'époque nous offre cependant l'exemple de divorces prononcés de temps en temps par les cours ecclésiastiques, et ce même Henry VIII qui déclara le mariage indissoluble a nommé une commission de jurisconsultes chargés de rédiger un projet de loi sur le divorce. Ceux-ci nous ont laissé l'acte intitulé : *Reformatio legum ecclesiasticarum* qui n'a d'ailleurs jamais eu force de loi. Ce n'est que beaucoup plus tard que le divorce entra dans le droit anglais et pour une seule cause : l'adultère. En 1666, Lord Ross avait obtenu contre sa femme adultère, une sentence de séparation de corps. Il présenta requête au Parlement pour solliciter, par exception, la permission de se remarier. Elle lui fut accordée et bientôt les demandes analogues se multiplièrent. Les ministres du clergé anglican consultés, déclarèrent que le divorce pour cause grave et particulièrement pour adultère n'était pas contraire à la religion. Le parlement se mit alors à dissoudre plusieurs mariages entachés d'adultère et fonda ainsi une jurisprudence qui fut constante pendant le xvii⁰ et le xviii⁰ siècles. Comme les frais de la demande avec ce régime étaient exorbitants, le divorce fut pendant tout ce temps une institution juridique de luxe accessible seulement aux lords les plus riches. Aussi le nombre en fut-il très restreint. Ce n'est qu'au xix⁰ siècle que la procédure fut modifiée et qu'il devint

un droit dont l'exercice fut possible pour toutes les classes
de la société. Mais il ne sera toujours admis que pour l'unique cause d'adultère, conformément à l'école protestante la
plus étroite.

M. Glasson explique cette quasi exclusion du divorce chez
les Anglais par la très haute idée qu'ils se sont faite du mariage, et cela malgré leur affinité de race avec les Germains,
malgré leur aversion pour le célibat, malgré leur religion
non prohibitive du divorce. Il est certain que le mariage, bien
qu'il ne constitue pas un sacrement dans la religion anglaise,
a toujours été, par le législateur, considéré comme un contrat
à part, très important, autant que possible indissoluble. Mais
il est aussi infiniment probable que si l'Agleterre de la fin du
moyen-âge et du XVIe siècle a accepté aussi facilement la prohibition presque absolue du divorce, c'est qu'il lui était bien
facile de tourner cette prohibition ; si facile, que le divorce
devenait à peu près inutile. En effet, l'intervention de l'Eglise
n'était pas une condition essentielle à la validité du mariage.
On s'adressait d'habitude à elle pour une première union,
jamais pour une seconde. Le mariage se formait *solo consensu:*
le prêtre pouvait y assister mais seulement comme invité et
non comme représentant officiel. D'après la coutume générale attestée par une peinture reproduite dans le *Heria An-
gelcynnan* de Strutt ([1]), les deux fiancés se rendaient à la
porte de l'église où se faisaient les vœux de mariage; ils
entraient ensuite, s'agenouillaient et participaient à la Sainte
Cène, mais le prêtre restait étranger à leur union. Telle
était la théorie anglaise. Un statut d'Edouard VI consi-

([1]) Londres, 1875, vol. I, feuille 13.

dère la bénédiction nuptiale comme une obligation née du mariage une fois qu'il est contracté. Le mariage se forme donc et vaut *solo consensu*. Si l'on ajoute à cette facilité de formation la difficulté de preuve résultant de ce que les registres de l'état civil n'ont été tenus qu'à partir de 1538, qu'ils l'ont été très irrégulièrement par les paroisses, jusque sous le règne de Guillaume III, on comprendra aisément qu'il était peut-être bien facile de contester l'existence d'un mariage réellement contracté. La preuve certaine du mariage ne fut possible qu'à partir de 1538, en Angleterre; mais l'Ecosse et l'Irlande continuèrent ensuite a être régies par la théorie canonique antérieure au Concile de Trente. Le mariage y était valable par l'échange des « *verba de presenti* ». Les facilités de ce régime sont suffisamment mises en lumière par les très nombreux et célèbres pèlerinages de Greetna-Green. Quoi de plus facile alors que de rompre un mariage dépourvu de solennité extérieure, valable par cela même que l'échange des consentements a eu lieu? On sait les familles de forgerons qui se sont enrichis, de père en fils, en témoignant, moyennant salaire, qu'un mariage était formé. Quoi de plus facile que de ne pas exiger le témoignage, ou de payer le silence de ces singuliers personnages jouant le rôle d'officier public? Et on peut ainsi, ce nous semble, expliquer dans une certaine mesure que dans le droit anglais le mariage ait été théoriquement difficile à rompre par ce fait qu'il était trop facile à former.

VI. **Europe orientale.** — L'Europe orientale tout entière resta étrangère aux décisions du Concile de Trente. Elle continua donc à admettre les causes de divorce précédemment en vigueur d'après les lois et coutumes de chaque pays, perpétuant ainsi l'accord avec les traditions du droit de Justinien vivaces à Byzance, avec la législation du Koran et celle des peuples réformés, la règle de l'antiquité qui avait toujours été la dissolubilité du mariage.

DEUXIÈME PARTIE

Le droit français après 1789.

———

C'est la Révolution qui affirma le principe du divorce par le décret du 20 septembre 1792. Le code civil emprunta certaines parties de ce décret rétablissant le divorce en France mais s'inspira d'idées toutes différentes. Il fit une loi nouvelle dissemblable à tous égards de la précédente. Enfin le législateur du 27 juillet 1884 remit en vigueur, après les avoir modifiées, les dispositions du code civil qui avaient été abrogées en 1816. Il a donc existé en France, depuis 1789, trois réglementations successives et différentes du divorce. Nous avons à examiner pour quelles causes il fut admis par chacune d'elles.

———

CHAPITRE PREMIER

Quel mal n'a-t-on pas dit de la loi du 20 septembre 1792?
Comme elle admit le divorce non seulement pour causes
déterminées, mais par consentement mutuel et même par la
volonté persistante d'un époux, elle le rendit extrêmement
facile et eut pour résultat immédiat la dissolution d'un nombre effrayant de mariages. Ce qui faisait dire à Mailhe qu'elle
était « un tarif d'agiotage »; à Delville « qu'elle transformait
le mariage en marché de chair humaine », « en véritable
prostitution » clamait Siméon. Enfin Favard, dans son discours au Conseil des Cinq Cents, le 20 nivôse an V, la qualifia
de « pacte *in extremis* de l'Assemblée législative »; en faisant
ainsi un produit hâtif, une sorte d'accident de législation
enfanté dans la fièvre de réaction contre les institutions de
la vieille France. Et toutes ces diatribes visaient tout spécialement la partie de la loi réglementant les causes du divorce,
puisque c'était par elles que la rupture du mariage était si
facile.

Quelque malheureuse qu'ait pu être l'expérience du divorce
avec les causes admises en 1792; quelque contestable que
puisse paraître la conception du législateur révolutionnaire
assimilant le mariage aux contrats purement pécuniaires, d'où
il tirait, très logiquement d'ailleurs, le principe de sa disso-

lubilité absolue, la loi rétablissant le divorce en France n'est rien moins qu'une œuvre législative irréfléchie dérobée par surprise à la passion d'une assemblée surexcitée. Sa génération n'eut rien de spontané. Longuement discutée dans les séances du 30 août, des 6, 7, 13, 14, 18, 19 et 20 septembre, elle avait déjà été élaborée dans les conceptions des philosophes du xviii° siècle, inspirées à ceux-ci par les théories gallicanes des anciens juristes. C'est ainsi que nous trouvons dans la littérature du xviii° siècle des essais de réglementation détaillée du divorce, parfois même une critique raisonnée de ses causes.

Laissant de côté, comme nous l'avons fait jusqu'ici, les théories générales ayant pour objet de légitimer ou de condamner son principe même, nous allons examiner les divers systèmes de causes du divorce admis par les philosophes et les littérateurs, par les préparateurs de la loi, enfin par les textes législatifs eux-mêmes.

I. **La littérature du XVIIIᵉ siècle.** — Déjà dans l'ancienne France, la théorie gallicane de nos jurisconsultes distinguait dans le mariage le contrat et le sacrement, accordait au sacrement le caractère d'indissolubilité mais affirmait l'indépendance du mariage-contrat, vis-à-vis du droit ecclésiastique et proclamait pour les lois civiles le droit de le réglementer; ce qui entrainait comme conséquence immédiate, en dépit des règles canoniques, le droit d'admettre de justes causes du divorce : déduction logique que nos anciens jurisconsultes, Talon, Launoi, Pothier, si favorables à l'indépendance du mariage vis-à-vis de l'Eglise, n'avaient pas osé faire. C'est dans les écrits des philosophes et des littérateurs du xviii° siècle qu'il faut aller chercher le corollaire du principe

posé par les juristes et quelquefois des systèmes réglant
ingénieusement les cas de divorce.

A. MONTESQUIEU. — Il ne traite pas systématiquement la
question dans son *Esprit des Lois*, mais dans ses *Lettres persanes* et il se prononce pour un divorce très largement
admis. Une longue dissertation, très claire, qu'il met dans la
bouche du Persan Usbek, permet de penser qu'il n'est pas
ennemi non seulement du divorce pour causes déterminées,
mais, sauf quelques limitations, du divorce par consentement
mutuel et même pour incompatibilité d'humeur, comme l'avait
admis l'antiquité : « ... On ôta (par la suppression du divorce)
non seulement toute la douceur du mariage mais aussi l'on
donna atteinte à sa fin ; en voulant resserrer les nœuds, on
les relâcha, et, au lieu d'unir les cœurs comme on le prétendait, on les sépara pour jamais.

» Dans une action *aussi libre* où le cœur doit avoir tant de
part, on mit la gêne, la nécessité et la totalité du destin même.
On compta pour rien *les dégoûts, les caprices et l'insociabilité
des humeurs;* on voulut fixer le cœur, c'est à-dire ce qu'il y a
de plus variable et de plus inconstant dans la nature ; on
attacha sans retour et sans espérance des gens accablés l'un
de l'autre et presque toujours mal assortis ; et l'on fit comme
ces tyrans qui faisaient lier les hommes vivants à des corps
morts. Rien ne contribuait plus à l'attachement mutuel que
la faculté du divorce ; un mari et une femme étaient portés à
soutenir patiemment les peines domestiques, sachant qu'ils
étaient maîtres de les faire finir et ils gardaient souvent ce
pouvoir en main toute leur vie sans en user par cette seule
considération qu'ils étaient libres de le faire.

» Il n'en est pas de même des chrétiens que leurs peines

présentes désespèrent pour l'avenir. Ils ne voient dans les désagréments du mariage que leur durée et, pour ainsi dire, leur éternité : de là viennent les dégoûts, les discordes, les mépris; et c'est autant de perdu pour la postérité. A peine a-t-on trois ans de mariage qu'on en néglige l'essentiel; on passe ensemble trente ans de froideur, il se forme des séparations intestines aussi fortes et peut-être plus pernicieuses que si elles étaient publiques, chacun vit et reste de son côté, tout cela au préjudice des races futures. Bientôt un homme dégoûté d'une femme éternelle se livrera aux filles de joie. Commerce honteux et si contraire à la société, lequel sans remplir l'objet du mariage n'en représente tout au plus que les plaisirs...

» Il est assez difficile de faire bien comprendre la raison qui a porté les chrétiens à abolir le divorce. Le mariage chez toutes les nations du monde est *un contrat susceptible de toutes les conventions; et on n'en a dû bannir que celles qui auraient pu en affaiblir l'objet;* mais les chrétiens ne le regardent pas dans ce point de vue, aussi ont-ils de la peine à dire ce que c'est. Ils ne le font pas consister dans le plaisir des sens; au contraire, comme je te l'ai déjà dit, il semble qu'ils veuillent l'en bannir autant qu'ils peuvent, mais c'est une image, une figure et quelque chose de mystérieux que je ne comprends point » ([1]).

On ne peut être plus éloquent sur les bienfaits du divorce, ni maltraiter l'idée chrétienne avec une malice plus spirituelle. Rien d'étonnant à cela, puisque l'auteur des *Lettres persanes* est d'avis qu'il faut, dans le mariage, compter « les dé-

---

([1]) *Lettres persanes*, CXVI; Usbek à Rhédi.

goûts, les caprices et l'insociabilité des humeurs et que rien
ne contribue plus à l'attachement mutuel que la faculté du
divorce »? Combien loin est cette théorie de celle de l'indissolubilité ! Qu'on n'objecte pas que l'auteur a exprimé des idées
fantaisistes dans les *Lettres persanes;* qu'il est beaucoup
moins affirmatif, qu'il a même une théorie opposée dans
l'*Esprit des Lois*. N'est-il pas vraisemblable que Montesquieu
a parlé plus librement, parlant plus franchement dans son
livre publié en Hollande, sans signature et où il faisait dialo-
guer ses prétendus Persans en excellent français avec une
psychologie nerveuse et fine qui n'avait rien d'asiatique ; au
lieu que l'*Esprit des Lois* contient, à coup sûr, des timidités,
des réticences, des contradictions même parce que l'auteur
n'y avait pas son franc parler ? Et pourquoi le couvert de
l'anonyme, la publication à l'étranger d'un livre de fantaisie,
d'un conte des mille et une nuits ou qui décrirait les mœurs
d'un pays lointain ? Encore la théorie du mariage de l'*Esprit
des Lois* est-elle, malgré les hésitations, bien nette dans ses
grandes lignes et bien d'accord avec les idées exprimées par
Usbek et Rhédi. « Partout où il se trouve une place où deux
personnes peuvent vivre commodément, il se fait un mariage.
L'obligation naturelle qu'a le père de nourrir ses enfants a
fait établir le mariage qui déclare celui qui doit remplir cette
obligation. Chez les animaux, elle est telle que la mère peut
ordinairement y suffire. Elle a beaucoup plus d'étendue chez
les hommes : leurs enfants ont de la raison, mais elle ne leur
vient que par degrés ; il ne suffit pas de les nourrir, il faut
encore les conduire. Déjà ils pourraient vivre, mais ils ne
peuvent pas se gouverner (¹) ». Et plus loin : « Le divorce a

(¹) *Esprit des Lois*, liv. XXIII, ch. II.

ordinairement une grande utilité politique ; quant à l'utilité civile, elle est établie pour le mari et pour la femme, mais n'est pas toujours favorable aux enfants » (¹). Enfin il blâme Justinien d'avoir rayé l'absence de la liste des causes de divorce : «'Justinien établit que quelque temps qui se fût écoulé depuis le départ du mari, la femme ne pouvait se remarier, à moins que par la déposition et le serment du chef, elle ne prouvât la mort de son mari. Justinien avait en vue l'indissolubilité du mariage, mais on peut dire qu'il l'avait trop en vue. Il demandait une preuve positive lorsqu'une preuve négative suffisait ; il exigeait une chose très difficile : de rendre compte de la destinée d'un homme éloigné et exposé à tant d'accidents ; il présumait un crime, c'est-à-dire la désertion du mari lorsqu'il était si naturel de présumer sa mort ; il choquait le bien public en laissant une femme sans mariage ; et choquait l'intérêt particulier en l'exposant à mille dangers » (²). Ce que veut Montesquieu, c'est que le mariage remplisse sa fin, c'est éviter les dangers du célibat et favoriser la repopulation. Pour soutenir cette idée, il se sert de la méthode la plus ennemie de l'esprit religieux : le libre examen. Au lieu de faire découler d'une règle supérieure intangible des idées morales ou juridiques, il les tire de l'expérience des peuples, de leurs tendances naturelles, il essaye de les dégager des phénomènes sociaux complexes variant avec les climats, les mœurs et les religions. C'est l'esprit général de l'œuvre entière de Montesquieu très concordante dans son opposition aux idées du moyen-âge et au dogme de l'indissolubilité. Peu importe alors qu'il ait écrit qu'il appartenait à la religion

(¹) *Esprit des Lois*, liv. XXIII, chap. X.
(²) *Esprit des Lois*, liv. XXIII, chap. X.

« de décider si le lien du mariage serait indissoluble ou
non » (¹). Toute son œuvre proteste contre la déclaration de
cette phrase isolée qu'il a sacrifiée sans doute à des craintes
bien excusables, puisque, malgré ses hésitations, son livre fut
censuré et que le père Routh publia après la mort de Montesquieu un faux désaveu où le pseudo Montesquieu écrivait
que « c'était le goût du neuf et du singulier, le désir de passer pour un esprit supérieur aux préjugés et aux maximes
communes qui lui avaient mis les armes à la main contre la
religion » (²).

B. Voltaire. — Son dictionnaire philosophique et divers
opuscules contiennent de chauds et éloquents plaidoyers en
faveur du divorce, mais ne donnent nulle part un système
complet, détaillé ou une indication précise des causes de
divorce.

C. Diderot. — Il n'en est pas de même de Diderot. Pour
lui, le divorce, au lieu d'être une exception au principe de
l'indissolubilité, est admis comme règle générale pour des
considérations d'intérêt supérieur ; il est de l'essence même
du mariage, comme la condition résolutoire est de l'essence
des contrats synallagmatiques. Diderot ne fait exception à
cette dissolubilité du mariage que pour une durée de trois
mois. Les époux ne peuvent pas enchaîner leur volonté pendant un plus long temps ; ce délai passé, il établit pour eux
le droit de contracter une nouvelle union. Et pour légitimer
cette théorie qui reconnaît une cause de divorce dans ce fait
qu'un mariage a duré trois mois, Diderot, dans son Supplé-
ment au voyage de Bougainville, nous dit l'étonnement du

(¹) Liv. XXIII, chap. X, *Esprit des Lois.*
(²) *Vie de Montesquieu* par Auger.

vieil Orou le Otaïtien initié par l'aumônier de Bougainville à nos mœurs occidentales. « Ces principes singuliers (le mariage indissoluble en règle générale), je les trouve opposés à la nature et contraires à la raison ; faits pour multiplier les crimes et fâcher à tous moments le grand ouvrier qui a tout fait sans mains, sans tête, sans outils ; qui est partout et qu'on ne voit nulle part ; qui dure aujourd'hui et demain et qui n'a pas un jour de plus ; qui commande et qui n'est pas obéi ; qui peut empêcher et qui n'empêche pas ; contraires à la nature parce qu'ils supposent qu'un être pensant, sentant et libre peut être la propriété d'un être semblable à lui. Sur quoi ce droit serait-il fondé ? Ne vois-tu pas qu'on a confondu dans ton pays la chose qui n'a ni sensibilité, ni pensée, ni désir, ni volonté, qu'on quitte, qu'on prend, qu'on garde, qu'on échange sans qu'elle souffre et sans qu'elle se plaigne, avec la chose qui ne s'échange point, ne s'acquiert point, qui a liberté, volonté, désir, qui peut se donner ou se refuser pour toujours ; qui se plaint et qui souffre et qui ne saurait devenir un effet de commerce sans qu'on oublie son caractère et qu'on fasse violence à la nature ; ce qui est contraire à la loi générale des êtres. Rien, en effet, te paraît-il plus insensé qu'un précepte qui proscrit le changement qui est en nous ; qui commande une constance qui n'y peut être ; et qui viole la liberté du mâle et de la femelle en les enchaînant pour jamais l'un à l'autre ; qu'une fidélité qui borne la plus capricieuse des jouissances à un même individu » ?

D. Helvétius. — Dans son livre *De l'esprit,* Helvétius est également partisan d'un mariage à terme. Sa perpétuité ne convient, selon lui, qu'à deux époux toujours occupés aux mêmes travaux, toujours utiles l'un à l'autre, supportant sans dégoût et sans fatigue l'inconvénient de l'indivisibilité de leur lien, tels les laboureurs. Quant aux autres professions, elles y répugnent à tel point qu'on devrait leur défendre de telles unions, comme aux prêtres. Et comme le désir du changement est inhérent à la nature humaine, on pourrait le proposer, dit Helvétius, comme prix du mérite. « On pourrait donc ainsi essayer de rendre les guerriers plus braves, les magistrats plus justes, les artisans plus industrieux et les gens de génie plus studieux ».

E. Grande Encyclopédie. — Enfin la grande encyclopédie reprend l'idée de Montesquieu sur la durée du mariage. Comme l'auteur de l'*Esprit des lois*, le rédacteur de l'article *Mariage* est favorable à la libre dissolution de ce dernier, dès que les enfants sont grands et en état de pouvoir subsister. « Le mari doit demeurer avec sa femme jusqu'à ce que leurs enfants soient grands et en âge de subsister par eux-mêmes ou avec le bien qu'ils leur laissent. On voit que, par un effet admirable de la sagesse du Créateur, cette règle est constamment observée par les animaux mêmes destitués de raison. Mais quoique les besoins des enfants demandent que l'union conjugale de la femme et du mari dure encore plus longtemps que celle des autres animaux, il n'y a rien, ce me semble, dans la nature et dans le but de cette union, qui demande que le mari et la femme soient obligés de demeurer ensemble toute leur vie, après avoir élevé leurs enfants et leur avoir laissé de quoi s'entretenir. Il n'y a rien, dis-je, qui empêche qu'on ait, à l'égard du mariage, la même liberté qu'on a en matière de toutes sortes de sociétés ou de conventions, de sorte que, moyennant qu'on pourvoie d'une manière ou d'une autre à cette éducation, on peut régler d'un commun accord, comme on le juge à propos, la durée de l'union conjugale, soit dans l'indépendance de l'état de nature ou lorsque les lois civiles sous lesquelles on vit n'ont rien déterminé là-dessus. Si, de là, il naît quelquefois des inconvénients, on pourrait y en opposer d'autres aussi considérables qui résultent de la trop longue durée ou de la perpétuité de cette société. Et, après tout, supposez que les premiers fussent plus grands, cela prouverait seulement que la chose serait sujette à l'abus comme la polygamie et qu'ainsi, quoiqu'elle ne fût pas mauvaise absolument et de sa nature, on devait s'y conduire avec précaution ».

Telles furent les idées des philosophes du xviii⁰ siècle au sujet des causes de divorce, idées qui eurent une grande force persuasive sur leur époque. Elles déchaînèrent un courant formidable de littérature favorable au divorce, dans lequel ne retenant que la partie qui a pour objet ses causes, nous trouvons l'influence des philosophes très accusée.

F. AUTEURS DIVERS. — Un opuscule dû à la plume d'un certain Philibert porte le titre sonore et au moins bizarre de « Cri d'un honnête homme qui se croit fondé en droit naturel et divin à représenter à la législation française, les motifs de justice tant ecclésiastique que civile et les vues d'utilité tant morale que politique qui militeraient pour la dissolution du mariage dans de certaines circonstances données ». Il raconte les misères conjugales de son auteur, réfute surabondamment les arguments religieux, moraux et politiques amassés par les canonistes contre le divorce et parle des causes de divorce seulement pour nous signaler que le Christ avait admis la cause d'adultère. Il commente en ces termes le texte célèbre de Saint Mathieu qui s'y rapporte : « Ces paroles sont-elles claires? Docteurs de la science, maîtres scientifiques, vous qui entendez l'Apocalypse, si vous avez des yeux ou seulement des mains avec la faculté du tact, dites-moi comment vous faites pour ne pas comprendre ce qui est si peu obscur? Interprétez, commentez, retournez cette phrase tant qu'il vous plaira : ou elle est absolument vide de sens et de raison et le Saint-Esprit aurait parlé pour ne rien dire, ce qu'il serait bien étrange de supposer; ou il m'est permis de renvoyer ma femme adultère et d'en prendre une autre ! »

C'est ce cri d'un honnête homme qui servit de préface en 1769 au *Traité du Divorce* du jurisconsulte Cervol. Ce traité contient un véritable plan d'ensemble d'une législation matrimoniale relative au divorce que l'auteur a intitulé : « Essai sur la manière de régir le divorce » et qu'il a rédigé par articles pour faciliter la tâche du législateur. Il y pose tout d'abord le principe de l'indissolubilité, mais ce principe comporte nécessairement des exceptions, des tempéraments exigés par la faiblesse et l'inconstance du cœur humain ; ce seront les causes de divorce : 1° l'adultère de l'homme ou de la femme, cause primitive conforme à la doctrine même du Christ. D'après Cervol, comme pour certains Pères de la primitive Eglise, le divorce résulte, *ipso facto*, de l'adultère de la femme. Le mari a le droit et le devoir de l'établir par une information judiciaire ; puis il peut répudier lui-même sa femme et en épouser une autre. L'adultère du mari ne constituait une cause de divorce que s'il était répété ou accompli dans de telles circonstances qu'il accusait chez le mari une conduite « dissolue, crapuleuse et libertine ». Les juges pouvaient encore prononcer le divorce pour condamnation aux galères, abandon injurieux, folie, sévices, injures graves et

conduite dissolue ; toutes causes qui seront reproduites presque textuellement dans la loi de 1792.

En 1789, paraît un livre intitulé *du Divorce*, du chevalier Ulpien Hennet, qui donne, dans sa troisième partie, le détail des
formes suivant lesquelles les mariages pourront être dissous.
Les causes du divorce y sont divisées en causes péremptoires
et causes non péremptoires. Les premières étaient : 1° la mort
civile ; 2° une condamnation à une peine infamante ; 3° l'emprisonnement de longue durée ; 4° la captivité dont on ne peut
prévoir la fin ; 5° l'expatriation forcée ou volontaire ou la
disparition d'un des conjoints dont on n'a point de nouvelles ; 6° l'infécondité d'un hymen pendant un temps indéterminé sans que l'on puisse en rechercher les causes ; 7° une
maladie incurable et qui met obstacle à la génération ; 8° la
démence ; toutes causes motivant un divorce « déterminé »
qui résultait nécessairement de la constatation judiciaire du
fait allégué. Les causes non péremptoires étaient : 1° un crime
quelconque ; 2° l'adultère ; 3° le désordre extrême ; 4° l'incompatibilité de caractère, servant de base à un divorce
« indéterminé » qu'il était défendu de porter devant les tribunaux ordinaires parce que de tels procès eussent été immo-
raux ou dangereux. C'était un tribunal de famille qui statuait
en l'espèce et avait le droit de prononcer ou de refuser le
divorce, après avoir entendu les époux : système que nous
retrouverons dans la loi de 1792.

En la même année 1789, le comte d'Antraigues qui, malgré ses hérédités et son rang, avait courageusement combattu
les abus et les privilèges de l'époque, dans un esprit généreusement novateur publia « *Les observations sur le divorce* ».
Pour lui, le divorce n'est légitime que s'il existe « l'impossi-

bilité morale d'un accommodement entre les époux et en même temps la possibilité de porter entièrement ailleurs un cœur délivré de ses premières chaînes : rien de tout cela ne peut exister quand le ciel a donné des enfants aux époux ». D'après l'auteur, sont donc solubles les seuls mariages inféconds et seulement pour deux causes déterminées : la première est un cas péremptoire entraînant nécessairement le divorce ; la deuxième un cas facultatif. Les juges ne peuvent refuser de rompre un mariage entaché d'adultère, si le conjoint innocent l'exige ; ils ont au contraire un plein pouvoir d'appréciation dans le cas de désordre extrême. Le comte d'Antraigues avait ainsi réduit à deux les causes permises, parce que, selon lui, le divorce était un mal rendu nécessaire par la corruption des mœurs ; « un mal qui accroîtrait lui-même la corruption, si la loi ne le restreignait avec la plus grande sévérité ». Il critiquait vivement la cause d'incompatibilité de caractère. Pour lui, elle nécessitait non la rupture, mais le relâchement du lien conjugal, parce que « l'âge, le temps, le repentir peuvent changer les caractères, inspirer à l'un plus de tolérance, diminuer dans l'autre l'énergie de ses vices ». Le principe du système du comte d'Antraigues était, comme on voit, un divorce bien modéré ; il ne sera pas écouté par les rédacteurs de la loi de 1792, mais son influence bienfaisante se fera sentir sur le code civil et sur la loi de 1884.

Telles sont les principales idées exprimées, au sujet des causes de divorce, pendant le dernier tiers du xviiie siècle par les philosophes et les écrivains de cette époque si féconde en littérature *divorciaire*. C'est de cette littérature que va sortir la loi rétablissant le divorce en France, c'est d'elle que vont s'inspirer les rédacteurs de cette loi dans leurs travaux préparatoires.

II. **Les travaux préparatoires de la loi de 1792.** — Après de nombreuses discussions, l'assemblée législative chargea son comité de législation d'élaborer un projet de loi qui fut rédigé par Léonard Robin et présenté par lui à l'assemblée le 7 septembre 1792. Voici les dispositions de ce projet relatives aux causes du divorce : l'idée maîtresse est qu'il faut accorder la plus grande latitude à la faculté de divorcer, à cause de la nature même du contrat de mariage. Celui-ci a en effet pour base principale le consentement des époux et, de plus, il est d'ordre public que la liberté individuelle ne soit jamais aliénée d'une manière indissoluble par aucune convention. De cette assimilation du mariage aux autres contrat, le projet déduit très logiquement sa dissolubilité absolue, et il dispose que doit être admis : « le divorce par le simple consentement mutuel des époux; le divorce par la volonté d'un des époux, seulement sur la simple allégation d'incompatibilité d'humeur ou de caractère; le divorce sur la demande d'un des conjoints pour différentes causes déterminées qui seront expliquées dans le décret; divorce pour séparation de corps déjà jugée et exécutée entre époux; divorce pour séparation de fait existant depuis longtemps entre les conjoints ». Viennent ensuite les mesures variant avec chaque chef de divorce, que le comité a cru devoir édicter pour prévenir les abus possibles avec une législation si large : « Il a considéré que le mariage n'était point un contrat de pur droit naturel qui peut être abandonné au caprice des conjoints; il a vu que c'était aussi une institution politique consacrée par la loi; que sa conservation n'intéressait pas seulement les époux, mais encore les enfants qui en sont nés ou en doivent naître et la société entière pour laquelle

le mariage, sa sainteté et sa durée sont les garants les plus
assurés des bonnes mœurs. Dans la vue donc de soustraire
autant qu'il est possible une aussi importante institution
sociale aux bizarreries , à l'instabilité des humeurs, du caractère et des affections des conjoints, le comité a environné le
divorce, dans le cas où ses inconvénients sont le plus à crain-
dre, de délais, d'épreuves propres à les écarter et à préserver
la société de l'indispensable nécessité de divorcer pour la
liberté et le bonheur des époux.

» A l'égard des chefs de divorce, le comité les considérant
par rapport aux époux y a trouvé trois moyens d'en prévenir
les abus : d'un côté, en ne permettant pas ce que l'honnêteté
publique semble défendre; savoir que les époux divorcés
puissent contracter un nouveau mariage ensemble; ni même
qu'ils puissent convoler avec d'autres à de secondes noces
immédiatement après le divorce. D'un autre côté, en privant
de tous les avantages pécuniaires du premier mariage celui
qui en a demandé la dissolution sans cause déterminée ou
celui qui a occasionné cette dissolution par des faits qui peuvent lui être reprochés. A l'égard des enfants, ces êtres
innocents des fautes de leurs pères, ces êtres qui ne peuvent
souffrir qu'injustement des divisions ou de l'instabilité des
affections des auteurs de leurs jours, le comité s'est spécia-
attaché à pourvoir, par les plus sages mesures, à leurs intérêts personnels ou pécuniaires.

» Le divorce a-t-il lieu par le consentement mutuel des
époux, le législateur peut suivre pour l'éducation et l'entretien
des enfants ce qu'indique la nature et ce qu'exige la différence des sexes dans l'éducation des garçons et des filles : il
peut confier à la mère tous les enfants, quel que soit leur sexe,

âgés de moins de sept ans; passé cet âge, les garçons doivent être remis au père. Si le divorce a lieu sur la demande
d'un des époux, sans cause déterminée, aucun des enfants ne
doit être laissé à sa charge et à sa confiance; il est trop sus-
pect, dans un pareil divorce, de légèreté ou de torts graves.
Mais si c'est pour cause déterminée et juste qu'il a demandé
le divorce, en ce cas tous les torts sont à son conjoint et les
enfants doivent être confiés à celui qui s'est vu forcé de faire
dissoudre un lien déshonorant ou justement insupportable »(¹).

Sédillez avait, en même temps, rédigé un contre-projet
d'après lequel il distinguait deux sortes de divorce : le
divorce par consentement mutuel, et la répudiation pour des
causes prévues. Il légitimait le divorce par consentement
mutuel par les mêmes raisons que Robin, en faisant comme
lui une conséquence nécessaire du mariage contrat consensuel. Mais il pensait cependant que lorsque les époux avaient
ainsi librement divorcé, on ne devait plus leur permettre de
se réunir. Quant à la répudiation, elle n'était possible que
dans des cas déterminés qui devaient être soumis à un jury
spécial dont les membres désignés par les époux et par le
procureur de la République seraient des femmes si le demandeur était le mari, des hommes dans le cas contraire.

Sédillez s'appliqua surtout à combattre la cause d'incompatibilité d'humeur qu'admettait la Commission, comme s'il
avait pressenti qu'elle serait l'objet d'attaques extrêmement
vives ; qu'on en ferait la cause des abus auxquels allait
donner lieu le rétablissement du divorce et qu'on accuserait
l'assemblée de l'avoir admise légèrement. Mais M. Ducastel

(¹) *Moniteur*, 1792.
Gaillard   7

s'efforça de rassurer l'assemblée sur les dangers énumérés
par M. Sédillez et il réfuta son argumentation en ces termes :
« Un caprice suffira, dit-on, pour que le divorce soit prononcé.
Nous avons remédié autant que possible à cet inconvénient
en privant de quelques avantages la partie qui demandera le
divorce en la condamnant aux dommages. Mais il est impossible de ne pas le permettre. Parce qu'une femme peut avoir à
se plaindre d'injures graves dont elle rougirait peut-être
d'alléguer les preuves, vous ne devez pas la réduire à dévorer
ses larmes » (¹).

C'est le projet du Comité qui fut adopté et l'assemblée vota
immédiatement que le divorce s'opèrerait par consentement
mutuel ou sur la demande d'une partie, soit sur la simple
allégation d'incompatibilité d'humeur, soit sur des motifs
déterminés. La discussion et le vote des différents articles du
projet continua. C'est le 20 septembre qu'il fut terminé et que
le divorce fut rétabli officiellement en France en même temps
que la séparation de corps fut supprimée. On sait les termes
curieux de ce rétablissement qui, de parti pris, a été présenté
comme une réglementation du divorce mais non une procla-
mation de son principe ; parce que celui-ci était, pour le législateur d'alors, une institution préexistante faisant partie des
droits de l'homme. « L'assemblée nationale, considérant
combien il importe de faire jouir le Français de la faculté
du divorce qui résulte de la liberté individuelle dont un
engagement indissoluble serait la perte ; considérant que
déjà plusieurs époux n'ont pas attendu, pour jouir des avantages de la disposition constitutionnelle suivant laquelle le

(¹) *Moniteur*, 1792, p. 252.

mariage n'est qu'un contrat civil, que la loi eût réglé le
mode et les effets du divorce, décrète qu'il y a urgence ;

» L'Assemblée nationale, après avoir déclaré l'urgence,
décrète sur les causes, le mode et les effets du divorce ce qui
suit... »

III. **La loi.** — Voici quelles étaient les dispositions ayant
pour objet les causes du divorce, dans le décret nouvellement
voté. Il distinguait trois espèces de divorce : par consentement mutuel, pour causes déterminées, pour cause d'incompatibilité d'humeur.

A. LE CONSENTEMENT MUTUEL DES ÉPOUX. — Le mariage pouvait
être rompu par le concours des volontés. Point n'était besoin
des tribunaux. Une assemblée de famille, réunie au moins
un mois après la demande, était chargée de tenter la réconciliation ; si elle échouait, elle dressait un procès-verbal de
non conciliation et, un mois après, les époux pouvaient re-
quérir l'officier de l'état civil de transcrire le divorce. C'était
logique, puisque, en dépit de la déclaration de Robin, le mariage était, pour le législateur révolutionnaire, un pur contrat
consensuel. Celui-ci n'avait voulu voir que son rôle civil, laissant de côté l'intérêt social en cause. Le législateur de 92
n'avait même vu qu'une partie de ce rôle civil : l'acte de volonté liant les époux l'un à l'autre ; mais il ne s'était pas
préoccupé de tous ceux que cette convention purement civile, dégagée de tous rapports avec l'État, pourrait intéresser.
Parmi ceux-ci et au premier rang, sont les enfants à naître
du mariage, tiers en l'espèce, qui subissent, malgré eux, les
conséquences de la convention et sont, en quelque sorte, liés
par elle, contrairement à la règle : *Res inter alios...* qu'ils
ne peuvent invoquer. Et c'est là une différence (dans le do-

maine du pur droit civil) entre le mariage et les autres contrats que la loi de 1792 n'a pas faite.

B. LE DIVORCE POUR CAS DÉTERMINÉS. — Les causes de ce second
mode de divorce étaient : 1° la démence, la folie ou la fureur
d'un époux ; 2° la condamnation de l'un d'eux à des peines
afflictives ou infamantes ; 3° les crimes, sévices ou injures graves de l'un envers l'autre ; 3° le dérèglement des mœurs notoire ; 5° l'abandon de la femme par le mari ou du mari par
la femme pendant deux ans au moins ; 6° l'absence de l'un
d'eux sans nouvelles au moins pendant cinq ans ; 7° l'émigration, dans les cas prévus par les lois, et notamment par
le décret du 8 avril 1792, § 1, art. 1, al. 4. C'était devant un
tribunal arbitral que devait se faire la preuve du fait allégué
et le divorce était prononcé immédiatement.

Parmi les causes admises, certaines étaient très légitimes
et il fallait contester le principe même du divorce pour les
rejeter. D'autres, au contraire, furent attaquées très vivement : en particulier le divorce pour cause de démence ou
d'aliénation mentale, encore pour absence prolongée pendant
cinq ans, enfin pour émigration. Ce dernier se justifiait par
des raisons d'actualité, la menace d'émigration étant immi-
nente. C'était un moyen préventif, un remède momentané. La
démence soulevait aussi des objections : le divorce était dans
ce cas le moyen de s'affranchir du devoir d'assistance né avec
le mariage. On répondait avec le droit canon (admettant l'impuissance et la lèpre comme causes de divorce), que ces maladies empêchaient le mariage d'atteindre sa fin : la cohabitation ; que la démence avait le même effet.

Pour le législateur révolutionnaire, la rupture du mariage,
par ce mode, était encore fondée sur une condition résolu-

toire tacite ou une clause pénale également tacite contre
l'époux coupable. Et ces deux idées suffisaient à justifier toutes les causes admises.

C. L'INCOMPATIBILITÉ D'HUMEUR. — Ainsi était nommée, par la
loi de 1792, la cause que Robin appelait « le divorce indéterminé » et qui n'était, en réalité, que la volonté persistante
d'un époux ; cette persistance devait durer six mois et huit
jours pendant lesquels les époux essayaient trois fois de se faire
réconcilier par le tribunal de famille cher au droit intermédiaire. Ils se présentaient devant lui à la fin du 1er, du 3e
et du 6e mois. Après un délai de huit jours, à partir de la
dernière comparution, ils pouvaient faire transcrire le divorce.

Deux raisons militaient dans l'esprit des juristes de l'époque en faveur de l'incompatibilité d'humeur : 1° la société
était intéressée à ce que les époux ne fussent pas entraînés par
la loi vers des révélations scandaleuses ; il était des cas de divorce qu'il valait mieux, dans l'intérêt général, ne pas dévoiler ; la cause efficiente réelle restait ainsi cachée ; l'incompatibilité d'humeur n'était qu'une apparence ; 2° il était en outre
contraire au principe de la liberté individuelle et à la Déclaration des droits de l'homme que celui-ci pût enchaîner sa
volonté pour sa vie. Il était donc impossible d'engager sa
liberté dans les liens d'un mariage comme au service d'un
maître. L'homme devait à sa dignité d'être toujours libre ou
de ne supporter que volontairement la chaîne du mariage.
Le jour où elle devenait trop lourde, il devait pouvoir la
briser.

Telles sont les causes de divorce admises par la loi de 1792.
Comme il est aisé de le voir, par sa division en trois classes,

la loi de 1792 établit une gradation dans la gravité des motifs en même temps qu'une gradation correspondante et en sens inverse dans la difficulté à obtenir la rupture du mariage. Les hommes de l'Assemblée législative, pour tant qu'ils se soient trompés, qu'ils aient admis le divorce trop largement et l'aient rendu trop facile, n'ont cependant pas fait une œuvre hâtive ou irréfléchie. Les procès-verbaux de la discussion démontrent qu'ils avaient prévu toutes les objections qu'on pourrait leur faire et qu'ils y avaient répondu.

Et peut-être le mauvais résultat de la loi tient-il à des causes étrangères à ses dispositions. Le divorce ne fut-il pas aussi facile dans le droit des Romains à l'époque des XII Tables? Ils surent cependant conserver la pureté de leur famille jusqu'au VIIe siècle. Dira-t-on que cela tient au génie national des Romains, à leur caractère, à leur tempérament différents du nôtre? Mais tous ces facteurs n'étaient-ils pas égaux au IVe et au VIIe siècle de Rome? Et l'abus du divorce à la fin de la République romaine n'est-il pas dû, comme en 1792, à une révolution, un désarroi général qui rendit les esprits inquiets, les hommes pressés de jouir du moment peut-être court qu'ils avaient à vivre, alors qu'ils voyaient tout un passé, tout un régime, presque toute une civilisation s'effondrer sous la poussée d'idées nouvelles? Les mêmes abus du divorce se produisirent également à l'une comme à l'autre de ces deux époques parce qu'elles furent également troublées. Et à ceux qui font, de la réglementation du divorce, une grande cause du mal, on peut opposer toujours l'idée de Montaigne : « Ce qui tint le mariage à Rome, si longtemps en honneur et seureté feut la liberté de le rompre qui voudrait ; ils gardaient mieulx leurs femmes, d'autant qu'ils les pouvaient perdre ; et en pleine liberté de divorce, il se passa cinq cents ans et plus, avant que nul s'en servist » (¹).

IV. La loi de 1792 dans la période de 1792 au code civil 1803. — Cette œuvre de 1792 saluée d'un cri général d'enthousiasme, allait bientôt subir de très vives attaques et les causes de divorce en particulier allaient bien vite être remises à la discussion. La loi produisit d'abord des bienfaits inespérés. On vit ces nombreux cas de divorce, reléguant le principe de l'indissolubilité au rang des choses finies de l'ancien régime, éteindre miraculeusement des discussions conjugales durant depuis un demi-siècle au sein de vieux ménages; opérer des réconciliations touchantes entre de séculaires époux séparés de fait, parce qu'ils ne pouvaient pas l'être de droit; les rapprocher au moment où ils recouvraient leur liberté et « rallumer les flambeaux de l'hymen pour le reste de leur vie ».

Les législateurs furent encensés et le divorce était si populaire que le décret du 4 floréal an II (22 avril 1794) (²) le rendit encore plus facile en supprimant les délais d'épreuve établis par la loi de 1792 et en établissant un nouveau moyen de rompre le mariage, plus simple et plus expéditif. Il suffisait de produire un acte de notoriété démontrant que les époux étaient, de fait, séparés depuis au moins six mois; le divorce en résultait *ipso facto*. « Mais lorsque les époux, disait Oudot, au nom du comité de législation, sont dans des circonstances telles qu'on doive présumer qu'ils ont suffisamment réfléchi sur un acte aussi sérieux, il est inutile de prolonger les délais d'épreuve qui laissent les deux époux dans une incertitude infiniment préjudiciable à leurs intérêts, à ceux de leurs en-

---

(¹) Montaigne, *Essais*, liv. II, ch. XV.

(²) Un décret de nivôse an II augmente aussi la liberté du divorce.

fants et de ceux qui ont des relations d'affaires avec eux. Ces délais fournissent l'occasion à celui qui a l'administration des biens de soustraire ou de dissiper les effets de la communauté ; enfin ils prolongent le scandale des séparations et portent une véritable atteinte aux mœurs ».

On ne manqua pas d'abuser bien vite de cette excessive facilité et le nombre des divorces relativement restreint en 1792 alla croissant si rapidement, qu'il devint effrayant en 1795. Et pour la première fois, le 17 mai de cette année, le député Bouguyod vint soutenir devant la Convention que le divorce s'obtenait beaucoup trop aisément, au grand préjudice de la santé physique et morale des enfants et de la famille. Rousseau lui répondit ce dilemne teinté de paradoxe : « Le divorce, certes, est juste quand on le demande pour des causes graves; quant à ceux qui divorcent sans bonnes raisons, ce sont des gens sans mœurs, il faut se hâter de les séparer, ils ne pourraient donner qu'une mauvaise éducation et de mauvais exemples à leurs enfants » [1]. Le 18 juillet de cette même année (1795), Mailhe baptisait, en pleine Convention, la loi de « tarif d'agiotage » et s'écriait : « Le mariage n'est plus en ce moment qu'une affaire de spéculation; on prend une femme comme une marchandise, en calculant le profit dont elle peut être et l'on s'en défait sitôt qu'elle n'est plus d'aucun avantage; c'est un scandale vraiment révoltant » [2]. Quelques jours plus tard, le 2 août 1795, ce même Mailhe disait : « Vous ne sauriez trop tôt arrêter le torrent d'immoralité que roulent ces lois désastreuses » [3].

[1] *Moniteur*, an III, n. 242.
[2] *Moniteur*, an III, n. 307.
[3] *Moniteur*, an V, n. 57.

A la suite de ces protestations, fut abrogé le décret de floréal an II, ainsi que celui de nivôse an II qui étendait, lui aussi, la liberté du divorce. Cette première victoire gagnée, ce fut la cause de divorce : l'incompatibilité d'humeur qui fut l'objet de la plupart des attaques. Le *Moniteur* (¹) nous rapporte les termes en lesquels Reynaud déplorait, devant le Conseil des Cinq Cents, dans son projet de remaniement de la loi de 1792, les désastres causés par l'incompatibilité d'humeur : « Il serait difficile, disait-il, de peindre tous les maux que cette cause de divorce occasionne ; il serait difficile d'imaginer combien elle favorise la légèreté et l'inconstance des époux, combien elle contribue à corrompre les mœurs. Et dites-moi, qu'y a-t-il de plus immoral que de permettre à l'homme de changer de femmes comme d'habits et à la femme de changer de maris comme de chapeaux ? N'est-ce pas porter atteinte à la dignité du mariage ? N'est-ce pas en faire le jouet du caprice et de la légèreté ? N'est-ce pas en quelque sorte l'anéantir et le changer en un concubinage successif » ?

Malgré une telle éloquence, la discussion du projet fut remise au vote du code civil. C'est par hasard que trois jours après, le 17 novembre 1796, elle eut lieu, provoquée par la plainte d'une citoyenne en larmes (²) contre qui le mari avait introduit une demande en divorce pour incompatibilité d'humeur. Cette épouse éplorée suppliait le Conseil, en attendant qu'il discutât le code civil, de suspendre l'exécution des articles de la loi de 1792 permettant le divorce pour incompatibilité d'humeur. La supplique de la citoyenne émut un certain Philippe Delville qui déclara « qu'il fallait

(¹) *Moniteur*, an III, n. 321.
(²) *Moniteur*, an V, n. 60.

faire cesser le marché de chair humaine » en supprimant le
troisième mode de divorce. Cambacérès résista à cette suppression et obtint l'ajournement à l'époque où l'on voterait
le code civil. Delville continua la lutte, soutenu par le citoyen
Bertrand et par Favart. Il réussit à faire nommer, le 25 décembre 1796, une commission chargée de rédiger un rapport
pour la suspension provisoire de la loi de 1792. Si les partisans du divorce avaient voulu transiger et consentir, comme
le conseillait Faulcon ([1]), à ce que le divorce « fût épuré de
la lie révolutionnaire... », la discussion eût été vite close.
Mais parmi ces partisans, certains, et de tout puissants, « soutenaient aveuglément tout ce que la Révolution avait fait; ils
voulaient que, malgré les abus, la loi de 1792 fût intégralement
conservée » ([2]). Les adversaires profitaient de cet entêtement
pour demander non l'abrogation de la cause d'incompatibilité
d'humeur, mais celle du principe même du divorce : « J'es-
pérais, dit Faulcon, qu'il allait enfin devenir possible de puri-
fier le divorce. Cette espérance fut vaine comme tant d'autres ;
je me trouvai contrarié par une autre espèce d'hommes qui,
mus de même, en sens opposé, par le funeste esprit de parti,
tendait à détruire indistinctement tout ce qui avait été fait
pendant la Révolution. Ils ne tardèrent pas à diriger leurs
attaques contre l'institution du divorce ; ils voulaient, non pas,
d'accord avec moi, remédier aux abus déplorables qui la pro-
fanaient, mais la renverser tout à fait. Héritiers sous une autre
forme des habitudes révolutionnaires dont néanmoins ils se
disaient les implacables ennemis, ils ne balançaient pas à
prodiguer des épithètes injurieuses à ceux qui n'adoptaient

([1]) Faulcon, *Précis historique de l'établissement du divorce.*
([2]) Faulcon, ouvrage déjà cité.

pas leurs pieuses rêveries » (¹). Et c'est ainsi que pendant l'année 1797 les discussions furent continuelles. C'est pendant leur cours que Favart lança sa fameuse expression « d'acte *in extremis* » et qu'il conta l'historiette suivante pour démontrer les dangers de l'incompatibilité d'humeur (²) : « Une jeune citoyenne se marie avec l'assurance de recueillir les biens d'une grande tante ; arrive la loi du 17 nivôse qui la prive de cet espoir. Les deux époux conviennent de faire divorce : le projet exécuté, le mari épouse la grande tante, âgée de 82 ans, qui lui donne tous ses biens par contrat de mariage ainsi que la loi le lui permettait. La vieille tante ne tarde pas à mourir et son jeune veuf se remarie avec sa première femme ». Favart terminait en suppliant l'assemblée de suspendre l'exercice de la cause d'incompatibilité. Tel n'était pas l'avis général et Lecointe se chargea de démontrer que l'expression d'acte *in extremis* était d'une fausseté absurde appliqué à la loi de 1792 ; que la cause d'incompatibilité avait été spécialement et très longuement discutée ; qu'elle ne fut admise que parce qu'on « jugea très moral de permettre le divorce pour cause d'incompatibilité d'humeur, c'est-à-dire de ne pas forcer les époux à dévoiler les secrets honteux et à se déshonorer eux-mêmes ».

La discussion fut portée sur le même terrain le 17 janvier 1797, encore le 23 janvier Favart, Lecointe, Mailhe et Darracq discutèrent, avec des arguments de valeur diverse, toutes les théories se rattachant au divorce, depuis la thèse de l'indissolubilité jusqu'à de petits détails de procédure. Mais ils s'arrêtèrent surtout à la cause d'incompatibilité qui était la prin-

(¹) Faulcon, ouvrage cité.
(²) *Moniteur*, an V, n. 115.

cipale position de combat, comme l'avait été l'adultère au concile de Trente. Voici en quels termes Siméon y réclamait sa suppression : « Le mariage est indissoluble pour l'avantage des enfants qu'il faut élever. Il n'y a qu'une cohabitation passagère chez les animaux, parce que leurs petits n'ont besoin que de l'allaitement. Une fois qu'ils peuvent se suffire à eux-mêmes, ils ne connaissent plus ceux de qui ils sont nés, ils n'en sont plus connus. Il existe au contraire, entre l'homme et la femme et leurs enfants, des rapports perpétuels, des sentiments, des moralités et presque des besoins. Aux besoins de l'enfance, si prolongée dans notre espèce, succèdent ceux de l'éducation, ceux d'un établissement, d'un secours mutuel. Comme les enfants sont à la famille qui leur donna le jour, cette famille leur appartient ; ils sont des tiers au préjudice de qui elle ne peut être dissoute... Il vaudrait mieux que quelques mariages fussent malheureux par leur indissolubilité, que si tous étaient relâchés et les familles troublées par la facilité des divorces. Lorsque nous examinerons le code civil, nous examinerons si cette indissolubilité qui a des fondements si antiques et si profonds est susceptible de quelques exceptions, ce qui ne la détruirait pas. Mais, pour le moment, il doit être certain qu'assez et trop de causes déterminées de divorce resteront encore pour qu'on puisse, sans inconvénient, suspendre celle qui est tirée de la simple allégation d'incompatibilité, pour que l'on doive arrêter l'abus d'un moyen qui, en trois ans, a produit plus de divorces que l'Europe entière n'en avait vu en trois siècles » (¹).

La discussion, toujours se perpétuant après un dernier vote

(¹) *Moniteur*, an V, n. 128.

d'ajournement le 29 mai, fut apportée solennellement devant le conseil des Cinq Cents. On nomma une Commission char- gée de présenter ses vues sur le divorce, et on interdit de le remettre en question jusqu'à la remise du rapport de la Com- mission. Faulcon, nommé rapporteur, proposa une modifica- tion à la loi de 1792. Ayant reconnu que l'incompatibilité avait passé avec raison « pour le poison des mœurs et l'anarchie du mariage », il proposa comme palliatif à ses ravages de prolonger de six mois le délai imparti pour obtenir le divorce, ce qui fut adopté. Ainsi furent maintenus, jusqu'au code civil, les cas de divorce de la loi de 1792.

CHAPITRE II

LE CODE CIVIL

S'il est une matière de notre code civil qui fut discutée longuement et avec passion, c'est, à coup sûr, celle des causes de divorce. Les travaux préparatoires, en nous révélant les phases de cette discussion et les arguments parfois très intéressants qui y furent développés, nous apprennent que la lutte autour de ces causes fut aussi vive au Conseil d'Etat et au Corps Législatif, qu'elle l'avait été dix ans auparavant, devant l'Assemblée législative ou la Convention. C'est que le législateur de 1803 sentait combien lourde était la tâche qui lui incombait; il savait qu'il touchait à une matière intéressant au premier chef l'ordre social, que par elle il avait, dans une certaine mesure, le pouvoir de régénérer la famille et le mariage ébranlés par les mœurs dissolues du xviiie siècle, par le désarroi de la Révolution. Et ce but devait être atteint au milieu d'un tourbillon d'idées contraires, de tendances opposées; sans violenter les préférences de la majorité de la nation qui étaient très libérales, ni celles du premier Consul qui l'étaient très peu ou qui ne l'étaient que pour lui. C'est ainsi que durant toute la discussion au Conseil d'Etat, Portalis, Boulay, Malleville, Tronchet, se firent les défenseurs d'un divorce très modéré, parce qu'ils se souvenaient trop de la loi de 1792. A côté d'eux, se trouvaient des partisans de l'incompatibilité d'humeur et aussi des ennemis jurés du principe du divorce.

I. 1er **Projet.** — Lorsque Portalis présenta à la discussion du Conseil d'Etat, le 14 vendémiaire an X (6 octobre 1801), le projet du titre V de notre code, le chapitre I, intitulé « *Des causes du divorce* », était ainsi conçu (¹) :

Article premier. — « Le divorce ne pourra être prononcé » que pour des causes déterminées par la loi ».

Art. 2. — « Ces causes sont les sévices ou mauvais traite- » ments, l'inconduite habituelle de l'un des époux qui rend » à l'autre la vie commune insupportable ; la diffamation » publique, l'abandon du mari par la femme ou de la femme » par le mari ; l'adultère de la femme accompagné de scan- » dale publié ou prouvé par des écrits émanés d'elle ; celui » du mari qui tient sa concubine dans la maison commune ».

Ce projet déposé, voici avec quelles raisons Portalis com- battit la cause d'incompatibilité d'humeur. Il commença par signaler que les tribunaux résumant l'opinion commune étaient partagés sur le divorce. Certains le rejetaient complètement ; d'autres l'admettaient dans la plus large mesure ; le plus grand nombre était partisan de la loi de 1792, moins l'in- compatibilité d'humeur.

Portalis était d'avis qu'admettre cette cause de divorce c'était détruire le mariage. « Si on la trouve dans le berceau de l'humanité, disait-il, c'est que rarement l'enfance des na- tions est le temps de leur innocence ». Il montra que ce n'était pas un public de coterie, l'opinion d'un moment, mais celle du monde et de l'histoire qui condamnait l'incompatibilité d'hu-

(¹) Fenet, *Trav. prépar.* (Titre du Divorce), tome IX, p. 248 et s.

meur. Le mariage lui-même, dans sa nature intime, répugne
à l'admission de ce mode de divorce. Est-on libre d'y adjoin-
dre un terme ? « Le législateur rougirait d'autoriser une pareille stipulation. Ne serait-ce pas l'autoriser que de compter
l'incompatibilité d'humeur au nombre des causes de divorce?
De plus, ajoutait Portalis, le contrat ne subsiste pas seulement pour les contractants mais encore pour la société et pour
les enfants. « Il est une chose trop sérieuse, comme l'a dit
Montaigne, pour qu'on puisse en sortir par une porte aussi
enfantine que la légèreté ». La cause d'incompatibilité ruine
l'autorité du mari dans la famille même avant qu'elle existe;
car s'il ne l'exerce pas, c'est l'anarchie ; s'il l'exerce, on demandera le divorce et c'est ainsi que l'intérêt de la société
qui exige la présence d'une autorité dans la famille condamne
cette cause. Il en est de même de l'intérêt de la femme. Elle
entre dans le mariage avec sa jeunesse et son honneur, elle
en sort flétrie et dégradée ». Si la loi autorise ce malheur,
c'est qu'elle est « sacrilège ». Enfin si l'on se reporte aux
enfants, on se rappellera ces lois anciennes qui avaient établi
des peines pour les secondes noces, parce que l'amour de la
nouvelle épouse absorbe celui des enfants et ainsi ce divorce
met en contradiction dans l'essence même du cœur humain,
deux affections qui lui sont également naturelles.

Portalis examinait ensuite la cause d'incompatibilité dans
ses rapports avec les mœurs de la nation. On les a défigurées,
ces mœurs ; on a prétendu que la probité et la décence ne
s'y montraient plus que par exception : « J'aime, je respecte
trop ma nation, disait Portalis, pour donner mon assentiment
à cette assertion erronée; les Français sont légers mais ils
ont des vertus ». Et si l'on allait étudier ces mœurs là où elles

ont conservé leur caractère original, dans les campagnes, on constaterait que le « scandale du divorce a été rejeté avec mépris ». Cependant les Français sont légers et c'est cette légèreté que la loi doit fixer en rendant le divorce seulement possible après une mûre réflexion. Enfin, on a dit que la cause d'incompatibilité avait l'avantage de masquer l'adultère, l'impuissance et toutes les causes qui ne peuvent être énumérées sans offenser des oreilles chastes. Mais, objectait Portalis, quel inconvénient y a-t-il que les accusations en adultère soient publiques? C'est le crime qui fait la honte et non l'accusation. La seule crainte dont on est agité est celle du ridicule, et cette crainte du ridicule peut être mise à profit, car elle est de nature à retenir les époux dans les liens du mariage. D'ailleurs, l'incompatibilité, d'après ses propres partisans, ne serait admise que lorsqu'elle irait jusqu'à rendre aux époux la vie insupportable? Or, il est impossible qu'elle arrive à ce degré sans se manifester par des faits qui deviennent des causes déterminées de divorce. Et Portalis concluait qu'elle était inutile après avoir montré qu'elle était injustifiable et dangereuse. Tronchet était du même avis. Il pensait lui aussi qu'il fallait consulter l'opinion publique « qui s'en était expliquée par l'organe des tribunaux ». Il constatait que tous, ou avaient rejeté l'incompatibilité ou, comme celui de Paris, avaient demandé qu'elle fût prouvée par des faits; ce qui la faisait rentrer dans le système des causes déterminées. De l'expérience des divers peuples, il concluait, lui aussi, que l'on devait permettre seulement la dissolution du mariage pour des motifs prouvés. Le ministre de la justice développa les mêmes raisons.

C'est alors qu'intervint le premier Consul qui tenait au

divorce pour incompatibilité d'humeur, songeant déjà à s'en
servir lui-même, malgré sa répulsion pour le divorce qu'il a
manifestée clairement dans ses statuts organiques où il l'interdit aux princes de sa famille. Il sentit que les raisons de
Portalis et de Tronchet avaient rendu l'assemblée tout à fait
contraire à cette cause de divorce. Espérant la ressaisir à un
moment plus opportun, il déclara que, « dans l'état actuel de
la discussion, la première question qu'il paraissait nécessaire
de traiter était celle de savoir si le divorce par consentement
mutuel serait admis ». Et la discussion recommença sur ce
nouveau terrain.

Le premier Consul proposa immédiatement de permettre
ce mode de divorce en le soumettant à l'autorisation des
parents qui était nécessaire à la formation du mariage. D'où
garantie pour sa stabilité et symétrie de l'acte de sa formation et de sa dissolution. Le ministre de la justice répondit en
faisant le procès des conseils de famille. Le consul Cambacérès trouva le moyen ingénieux mais plein de dangers.
Quant à Tronchet, il le déclara inutile.

II. **Contre-projet Boulay.** — C'est alors que M. Boulay prit
la parole pour constater que, jusque là, on n'avait encore
réussi à s'entendre que sur un point : le principe de l'admission du divorce ; qu'il était temps de se fixer sur les causes.
Il proposa d'admettre celles d'un projet qu'il avait rédigé et
qu'il déposa.

Celui-ci distinguait tout d'abord les causes absolues, devant
nécessairement faire prononcer le divorce sans épreuve,
sans restriction et les causes facultatives. La première cause
absolue était l'adultère, considérée comme la plus forte, la
plus légitime de toutes. M. Boulay admet volontiers la dis-

tinction pénale entre l'adultère de la femme et celui du mari parce que les suites de l'un sont plus dangereuses que celles de l'autre, mais comme la faute envisagée en elle-même est égale, il déclare qu'il doit exister pour les deux conjoints un droit égal de poursuite. Une deuxième cause, était l'attentat à la vie d'un époux par son conjoint ; une troisième cause, la condamnation d'un époux à une peine afflictive ou infamante. « On stipule ici pour l'époux honnête et délicat, contre l'époux coupable et flétri. Vouloir qu'ils vivent ensemble, c'est vouloir réunir un cadavre à un corps vivant. Cette cause de divorce doit être admise sans doute chez tous les peuples, mais surtout chez une nation dont l'honneur devait être le sentiment spécial ». Ces trois causes devaient obliger le tribunal devant lequel elles étaient portées, à prononcer le divorce, à moins que l'époux demandeur ne préférât la séparation de corps, qui serait toujours facultative pour celui-ci. A côté de cette séparation facultative, M. Boulay en admet une autre « la séparation d'épreuve », qui ne remplace pas le divorce, qui au contraire, dans certains cas, est un acheminement vers lui. Cela, parce qu'à côté des causes qui anéantissent pour ainsi dire d'un seul coup le mariage, il en est de moins graves qui ne produisent le même effet que par leur continuité. Ce sont celles de l'art. 5 du projet de M. Boulay qui peuvent motiver un divorce après un stage de trois ans de séparation de corps. Les sévices, les mauvais traitements, la diffamation publique et tous autres actes dont la répétition ou la continuité rendait impossible la vie commune entre les époux ; enfin, l'absence déclarée (art. 8), mais le divorce ne pourra être prononcé qu'un an après le jugement qui aura déclaré l'absence. Tel est le système de M. Boulay, d'après lequel le divorce ne peut être

jamais prononcé que pour cause vérifiée légitime. Pour rejeter l'incompatibilité d'humeur, il alléguait cette raison très
juridique et qui parut très concluante que le mariage, avec
une telle cause de divorce, n'aurait même pas la force de la
plus simple convention, puisqu'aucune ne peut être rompue
par la seule volonté d'un des contractants. Pour réfuter le
consentement mutuel, en réponse à l'argument tiré de la
symétrie de formation et de dissolution, M. Boulay signalait
l'intérêt social et l'intérêt des enfants dont on devait tenir
compte. Ces tiers intéressés devaient eux aussi, comme les
époux, consentir à la dissolution. Les enfants incapables sont
protégés par la société et c'est cette dernière seule qui, en
dernière analyse, devra donner son assentiment. Or celui
qui a le devoir supérieur de se garder, n'autorisera le divorce,
dans son intérêt même, que lorsque la cause militant en faveur
d'un époux est un scandale plus perturbateur que la rupture
même du mariage. Et ce scandale ne peut exister que lorsque
la cause est grave et déterminée.

III. **Contre-projet Berlier.** — D'après M. Berlier, qui avait
en même temps que M. Boulay déposé un contre-projet, le
divorce devait être admis pour : 1° adultère accompagné de
certaines circonstances aggravantes : celui de la femme, ayant
causé un scandale public ; celui du mari, perpétré dans la
maison conjugale avec une concubine qui y était entretenue ;
2° l'attentat à la vie d'un époux par l'autre ; 3° l'absence ;
4° le consentement mutuel ; 5° le délaissement.

IV. **Contre-projet Emmery.** — Après la discussion au
sujet de la priorité à donner à l'un de ces deux projets, celle-
ci fut accordée au projet Boulay que l'on commença de voter
article par article, lorsque M. Emmery présenta un autre

projet qu'il refit, modifia et déposa avec une nouvelle rédaction aux termes de laquelle le chapitre Ier intitulé : « Des
causes de divorce », disposait :

Article premier. — Le mari pourra demander le divorce
pour cause d'adultère de sa femme.

Art. 2. — La femme pourra demander le divorce pour
adultère de son mari lorsqu'il aura tenu la concubine dans
la maison commune.

Art. 3. — La femme, pour sévices ou injures graves
qu'elle aura éprouvés de la part de son mari. C'était une
cause de divorce particulière à la femme. Le mari n'était pas
recevable à l'invoquer. Il n'avait pas, d'après M. Emmery,
le droit de se sentir outragé, étant en quelque sorte inacces-
sible aux injures d'une femme. C'est en vain que l'opinion
contraire fut soutenue ; elle fut rejetée à ce moment, mais
elle devait être admise à une discussion postérieure.

Art. 4. — Les époux qui ont le droit de demander le divorce pour une des ces causes déterminées peuvent aussi
demander la séparation de corps.

Art. 5. — La condamnation de l'un des époux à une peine
infamante sera, pour l'autre époux, une cause de divorce.

Art. 6. — Le consentement mutuel et persévérant des
époux exprimé de la manière prescrite par la loi, sous les
conditions et après les épreuves qu'elle détermine, prouvera
suffisamment que la vie commune leur est insupportable et
qu'il existe par rapport à eux une cause péremptoire de
divorce.

Ce texte fut enfin adopté avec quelques modifications légè-
res. L'art. 3 fut ainsi transformé. Les époux pourront *réciproquement* demander le divorce pour excès, sévices ou injures

graves de l'un envers l'autre. La séparation de corps devait être, obligatoirement pour le juge, convertie en divorce au bout de trois ans, sur la demande de l'époux. Le consentement mutuel était ainsi reçu au nombre des causes de divorce, non comme une cause différente des autres, mais comme une simple preuve qu'il y avait une autre cause légitime. L'influence du premier consul s'était fait sentir et avait agi efficacement sur le Conseil. Désormais et jusqu'à la fin des discussions, le consentement mutuel allait être défendu par des hommes comme Tronchet qui s'étaient au début franchement déclarés ses ennemis : il faisait dorénavant partie de l'opinion orthodoxe.

Le projet fut aussi communiqué à la section de législation du Tribunat le 26 fructidor an X (13 octobre 1802). Le Tribunat émit l'avis que le divorce par consentement mutuel fût interdit aux époux qui auraient des enfants ; avis qui fut rejeté et le chapitre Ier du projet Emmery passa au Corps législatif tel que nous l'avons reproduit.

C'est Treilhard qui fut nommé par le premier Consul, par MM. Emmery et Dumas, pour présenter le projet de divorce au Corps législatif dans la séance du 18 ventôse, an XI (9 mars 1803). Après avoir proclamé la légitimité du divorce d'une façon générale, son opportunnité, sa nécessité même chez un peuple « dont le pacte social garantit à chaque individu la liberté du culte qu'il professe et dont le Code civil ne peut, par conséquent, recevoir l'influence d'une croyance particulière », il arriva à l'examen des causes pour lesquelles il devait être admis. Treilhard reprit alors les quatre causes du projet Emmery : l'adultère, les excès, sévices ou injures graves, la condamnation à une peine infamante et le consente-

ment mutuel. Il signala la distinction faite entre les causes
péremptoires et les causes facultatives. Il aborda ensuite la
défense du consentement mutuel : « Si le législateur, dit-il,
autorise ce mode de divorcer, il le vend si chèrement, qu'il
ne pourra y avoir que ceux à qui il est absolument nécessaire
qui seront tentés de l'acheter. » Et il indiquait toutes les pré-
cautions amassées contre l'abus possible de cette cause
de divorce. Elle ne sera pas admise si le mari a moins de
25 ans et la femme moins de 21 ; s'il ne s'est pas encore
écoulé deux ans après le mariage ou si la vie commune a
duré vingt ans ; si la femme est âgée de 45 ans. La loi exige
en outre un acte authentique attestant le consentement des
père et mère des époux ; elle stipule la prohibition d'un nouveau mariage avant trois ans et l'obligation par les époux
d'abandonner à leurs enfants la moitié de leurs biens ; enfin, elle
encombre la procédure de telles longueurs et de telles difficultés que les époux capricieux ou intéressés seront inéluctablement dégoûtés de l'entreprendre. Il termine en disant :
« On se ferait une bien fausse idée du divorce par consentement mutuel et l'on calomnierait d'une étrange manière les
intentions du gouvernement, si l'on pouvait penser qu'il a
voulu que le contrat de mariage fut détruit par le seul consentement contraire des deux époux. La simple lecture de
l'article proposé (233) en annonce l'esprit et la véritable
intention. Législateurs, parmi les causes déterminées du divorce, il en est quelques-unes d'une telle gravité, qui peuvent
entraîner de si funestes conséquences pour l'époux défendeur,
que des êtres doués d'une excessive délicatesse préféreraient
les tourments les plus cruels, la mort même, au malheur de
faire éclater ces causes par des plaintes judiciaires. Ne con-

venait-il pour la sécurité des époux, pour l'honneur des familles toujours compromis, quoiqu'on puisse dire, dans ces fatales occasions, pour l'intérêt même de la société, de ne pas forcer une publication non moins amère pour l'innocent que pour le coupable? » Treilhard défendit ainsi le projet, article par article, avec un tel talent et une telle persuasion qu'on pût dire de lui qu'il était le père de la loi et que Savoie Rollin ne crût mieux faire que de reprendre ses idées, presque ses phrases lorsqu'il fut chargé de présenter officiellement la loi au Tribunat.

Devant cette assemblée, seul le tribun Carion Nisas prit la parole pour flétrir le divorce en cinq propositions dont voici la première : « J'entreprends de prouver que, en général, les lois favorables au divorce sont mal combinées avec la connaissance du cœur humain et le bonheur de l'homme en société ». Dans un style emphatique avec des arguments tirés de l'histoire des Chinois et du moyen-âge français, de la philosophie hindoue, de la Rome primitive, de l'Évangile et de la pratique contemporaine, il s'efforça de démontrer les prétendus ravages du divorce à travers l'histoire. En terminant, il demandait aux tribuns de rejeter la loi qu'on leur présentait. Il reconnaissait cependant que dans certains cas exceptionnels, extrêmement rares, le divorce était une triste nécessité et il proposait un système qu'il disait à lui personnel « simple, grave, silencieux », véritable panacée universelle : Le Sénat serait seul compétent pour prononcer les divorces et aurait en cette matière un pouvoir discrétionnaire absolu. Celui-ci ne devait être lié par aucune règle, aucune loi délimitant les causes de divorce : il n'aurait qu'à consulter sa conscience. Le prétendu système « simple » et personnel de Carion Nisas avait été, comme on sait, pratiqué en Angleterre avec une forme à peu près semblable. Son résultat le plus immédiat, en fait de simplicité, fut d'exiger une procédure extrêmement compliquée et d'un coût exorbitant : les procès en divorce étaient ainsi un privilège de la classe riche ; le système anglais consacrait une inégalité sociale, si accusée que la compétence des causes matrimoniales dût être enlevée au parlement et donnée à une cour composée de magistrats professionnels. L'idée de Carion Nisas avait en outre le défaut désastreux de laisser une porte largement ouverte à l'arbitraire du juge dans une matière où tout devait être strictement délimité par la loi. Telles furent, sans doute, les objections que le Tribunat fit au système proposé, car dans la même séance, il montra qu'il ne comprenait pas le « cœur humain et le bonheur de l'homme en société » de la même façon que Carion Nisas : il rejeta son projet. Le tribun Gillet fut en même temps désigné pour présenter à nouveau le projet de M. Emmery accepté par le Tribunat qui revint ainsi au Corps législatif dans sa forme première.

Le rapport de Gillet est extrêmement intéressant par sa partie consacrée à la critique raisonnée des causes du divorce. Il constate que l'idée maîtresse qui a guidé et doit guider le législateur dans la détermination de ces causes est de conserver soigneusement la société conjugale tant qu'il n'est pas évident que ses fondements principaux sont déjà ruinés. Le premier de ces fondements est « l'indivisibilité » entre époux qui est évidemment rompu par l'adultère : par l'adultère de la femme qui trouble par un sang étranger le sang que son époux doit transmettre à ses enfants ; par l'adultère du mari qui donne le scandaleux exemple d'une foi violée. « L'indivisi-

lité » est encore détruite par celui qui ne manifeste à l'égard de
son conjoint que des sentiments destructeurs soit qu'il attente
à sa sûreté par des excès ou des sévices, à son honneur par
des injures graves. Enfin par celui qui dégrade son existence
civile en se faisant frapper d'une condamnation infamante et
qui change ainsi la nature de l'association. Au contraire, la
démence, la fureur et l'absence, causes de divorce admises
par la loi de 1792 et repoussées par le projet de code civil ne
détruisent pas nécessairement l'indivisibilité de l'union conjugale ; elles sont souvent au contraire, dit Gillet, une occasion d'accomplir les devoirs de secours et d'assistance nés du
mariage, de resserrer davantage le lien des époux par un
témoignage méritant de dévouement et de constance. Au sujet
de l'incompatibilité d'humeur, Gillet rappelle l'idée de Montesquieu qui la considère comme la plus légitime cause de
divorce et, en même temps, il constate qu'elle fut certainement
la plus abusive et la plus diffamée. Qui nous a trompé?
Est-ce l'expérience ou le grand écrivain politique? Ni l'une
ni l'autre conclut Gillet, c'est la loi elle-même. La véritable
incompatibilité est à coup sûr le plus énergique dissolvant de
la société conjugale. Elle fait plus que la rompre : elle va
jusqu'à l'empêcher de naître, car il n'y a pas mariage sans
consentement. Mais pour que l'incompatibilité ait ses effets,
il faut qu'elle soit constante et surtout mutuelle ; c'est ce qu'a
omis d'exiger la loi de 1792. Cette loi a, de plus, commis l'erreur imprudente de ne réclamer aucune preuve, en déclarant
qu'il suffirait d'une simple allégation. Le projet de loi a
paré à ces dangers et a conservé religieusement la pensée
de Montesquieu en admettant le divorce par consentement
mutuel avec une réglementation sage. Ainsi se trouvent

légitimées les quatre causes de divorce de notre code civil.

Treilhard qui avait, en quelque sorte, donné le souffle de vie au projet et l'avait soutenu pendant toutes la discussion ne voulut pas le laisser voter sans résumer en quelques paroles éloquentes les raisons qui militaient en sa faveur. Le Corps législatif vota aussitôt après, le 3 ventôse an XI (21 mars 1803), le titre du divorce admettant trois causes déterminées, une quatrième cause dite « par consentement mutuel » et à côté de celles-ci, pour tranquilliser les consciences, la séparation de corps.

Ajoutons que celle-ci, aux termes de l'art. 310, prononcée pour toute autre cause que l'adultère de la femme et ayant duré trois ans, l'époux qui était originairement défendeur avait le droit de faire prononcer le divorce, si l'autre époux ne consentait pas immédiatement à faire cesser la séparation, disposition qui créait une cinquième cause péremptoire de divorce. Telle est la réglementation de notre Code civil (¹).

La loi de 1803 ne ressuscita pas les scandales de son aînée de 1792. Son bon fonctionnement fut reconnu par tous, même par les fanatiques qui demandèrent sa suppression en 1814, lorsque l'influence prépondérante de l'Eglise fit déclarer la religion catholique, religion d'Etat et fut plus forte que le souvenir de la Révolution. Le titre du Divorce fut abrogé le 2 mars 1816 par la Chambre des députés, et le 19 mars par les pairs, non par suite de la constatation d'un accroissement alarmant des divorces, mais pour faire cesser le désaccord de la loi civile et de la loi religieuse. Cependant, s'il est permis de juger une loi par son expérience, celle de 1803 doit

(¹) Napoléon en 1807 décida que les Juifs, soumis jusqu'alors à un régime à part, obéiraient désormais au Code civil.

être déclarée une bonne loi. Tout différents furent ses effets de ceux de la loi intermédiaire comme toute différente était sa réglementation. En 1792, les causes déterminées ne sont que le complément presque inutile du consentement mutuel ou de la volonté persistante d'un époux qui sont le principe, l'âme même de la loi. En 1803, au contraire, le consentement mutuel n'est permis qu'en cas de nécessité absolue; il est enveloppé d'une procédure et de conditions qui rendent son emploi presque impossible, il produit des effets tels qu'il ne sera presque jamais demandé. Pratiquement le Code civil n'admet que des causes déterminées, beaucoup moins nombreuses que la loi révolutionnaire. Et le divorce apparaît ainsi, selon le mot de Treilhard « comme un remède à un mal, remède très parcimonieusement octroyé ».

CHAPITRE III

C'est la réglementation du code civil que la loi du 27 juillet 1884 a imitée en matière de causes de divorce, et c'est du discours de Theilhard que s'est inspirée la plus grande partie de la discussion préparatoire. Le 6 juin 1866, M. Naquet présentait à la Chambre des députés une première proposition de la loi calquée sur la loi de 1792. Elle fut écartée par la Commission d'initiative parlementaire, sur le rapport de M. Constans. Aussi, en 1878, un nouveau projet fut-il conçu dans l'esprit de la loi de 1803. Pris en considération par la Chambre des députés, il fut rejeté au Sénat par une majorité de 38 voix. Ce n'est qu'une troisième proposition faite le 11 novembre 1884 qui, après une discussion très touffue, aboutit à la loi qui nous régit.

Nous allons essayer, comme nous l'avons fait dans les deux chapitres précédents, de dégager de cette discussion les idées principales émises au sujet des causes de divorce. Nous les rechercherons successivement dans les différents projets et les divers documents présentés à la Chambre des députés puis au Sénat, et à nouveau à la Chambre où recommença la discussion qui aboutit au vote définitif de la loi.

I. **A la Chambre des Députés.** — Le 14 mars 1882, M. de Marcère, après avoir rendu hommage aux rédacteurs du code civil et en particulier à Treilhard, fit au nom de la commission d'examen un rapport détaillé par lequel il présentait le projet de renouvellement élaboré. M. de Marcère commençait par défendre le divorce par consentement mutuel, il indiquait que celui-ci était mal entendu dans l'opinion publique. Malgré tous les documents législatifs antérieurs, l'erreur persistait qui tendait à faire confondre le consentement mutuel avec l'incompatibilité d'humeur.

M. de Marcère rappelait que le consentement mutuel avait été introduit dans le droit français, précisément pour les cas où les motifs qui rendaient le divorce nécessaire étaient les plus graves; les cas où les époux ne pouvaient sans froisser des sentiments d'honneur ou de pudeur insurmontables, révéler les actes qui avaient causé leur désunion. Le danger pour le législateur était de se prêter par un accommodement trop facile à des entraînements frivoles, à la mobilité de volontés capricieuses. Aussi a-t-il multiplié les garanties sociales. Parmi celles-ci, une semble exagérée et doit être supprimée; celle de l'art. 277 disposant que le consentement mutuel ne pourra plus être admis comme cause de divorce après vingt ans de mariage ou lorsque la femme est âgée de 45 ans. N'est-ce pas alors, au contraire, que l'épouse qui a supporté pendant vingt ans la vie commune en vue de l'éducation et de l'avenir de ses enfants, malgré de longues souffrances peut-être intolérables, a le droit d'aspirer légitimement à une liberté jusqu'alors sacrifiée à un devoir moral? Le consentement mutuel du code civil devait donc être modifié dans ce sens.

La Commission demandait également d'admettre le divorce pour condamnation correctionnelle, dans les cas de vol, escroquerie, abus de confiance, outrage public à la pudeur et attentat aux mœurs, car l'infamie peut être le résultat d'un délit comme d'un crime. Le déshonneur de l'escroc ou du voleur est de nature à justifier le divorce, seulement il créera une cause facultative pour le juge alors qu'elle est péremptoire, au cas de crime. M. de Marcère estimait cependant que lorsque le crime commis par un conjoint avait un caractère politique, il n'était pas de nature à inspirer à l'autre conjoint l'horreur et le mépris incompatibles avec le lien conjugal; aussi, ne devait-il pas nécessairement entraîner le divorce.

La Commission proposait aussi une innovation soulevant un problème très intéressant : la situation respective du mari et de la femme au cas d'adultère. M. de Marcère, au nom de la Commission, demandait la suppression du dernier membre de phrase de l'art. 230 : « La femme pourra demander le divorce pour cause d'adultère de son mari, *lorsqu'il aura tenu sa concubine dans la maison commune* ». Il proclamait ainsi le principe de l'égalité des sexes : « Esclave, servante, concubine, femme chrétienne, son élévation morale a marqué chacun des progrès de la civilisation. Il appartient à notre temps de l'élever encore d'un degré et d'en faire notre égale, en lui faisant avec des dons, le rôle que la nature lui a départi. Elle subit encore dans nos lois civiles une sorte d'infériorité traditionnelle. Relevons-la, du moins, dans la famille qui est son empire et rendons-lui le droit de ressentir l'injure de la trahison comme nous ».

M. de Marcère combattait les raisons superficielles qui ont fait traiter différemment par la législation et l'opinion courante l'homme ou la femme adultère. Comme le dit fort spirituellement M. Baudry-Lacantinerie, il y a, en effet, aux yeux du monde, entre les blessures faites au cœur des deux époux par l'adultère, la différence du coup d'épée au coup d'épingle. Il est encore certain que l'inconduite de l'homme a généralement des conséquences moins fâcheuses que celle de la femme, en n'introduisant pas dans la famille des enfants de sang étranger. Mais, en réalité, et surtout en droit civil, les deux situations sont égales. C'est ce qu'il exprimait en ces termes : « ...Quoi qu'il en soit, tous ces motifs s'évanouissent et ne sauraient justifier la différence que le code fait entre les deux époux eu égard à leur sexe, quand il s'agit de l'injure grave ressentie par suite de l'infidélité commise, de la trahison à la foi conjugale. Suppose-t-on que la femme est moins sensible à l'outrage que l'homme ; que sa dignité morale soit d'une moindre valeur ; que son cœur soit plus fait pour être déchiré ; que sa misère soit moins secourable ? Sans parler des douleurs d'un cœur méconnu et brisé, le rang de la femme, son influence dans la maison, sa part dans la souveraineté de la famille, jusqu'à sa place au foyer, tout dépend pour elle des sentiments qu'elle inspire à celui dont elle partage la vie. La femme outragée pourra pardonner, mais si elle ne se sent pas ce courage, si tout son être se révolte, il n'y aucune raison pour que la loi qui souscrit en pareil cas à la plainte du mari, se montre à son égard moins impitoyable ». Les tribunaux plus humains que la loi avaient déjà, dans la mesure où leur action le leur permettait, réparé cette injustice. Ils considéraient l'adultère du mari, suivant les circonstances, comme une injure grave pour la femme et l'admettaient à ce titre comme une cause de séparation de corps. Ils considéraient encore la chambre louée par le mari comme une prolongation du domicile conjugal. Ainsi la jurisprudence, par un procédé détourné, avait effacé, entre les deux époux, une différence injustifiable ; elle avait devancé la loi en se conformant aux mœurs. La doctrine était juste et progressiste : elle méritait d'être consacrée par le législateur.

M. de Marcère réfutait ensuite un projet de M. Clovis Hugues demandant le rétablissement pur et simple de la loi de 1792. Il soutenait que cette loi était condamnable dans son esprit même, sans parler de son expérience. L'assimilation du mariage aux autres contrats, faite par le législateur révolutionnaire, était contraire à la conception vraie du mariage, aux obligations qu'il suppose, au caractère de perpétuité qui s'attache à lui et qu'il ne peut perdre que dans des cas précis, constatés judiciairement.

Le rapporteur réfutait enfin l'amendement proposé par M. Guillot considérant l'aliénation mentale comme une cause de divorce. Sans nier les devoirs que le mariage impose, celui-ci envisageait la folie comme une sorte de mort morale. Il en concluait qu'il était barbare et contraire à toute vérité de maintenir un lien rattachant un être vivant « à un corps sans âme ». La Commission envisageait le mariage non seulement comme une association formée en vue d'embellir la vie et de la rendre agréable, mais aussi comme une communauté de peines et de maux. Les malheurs, les infirmités, la maladie, loin d'être une cause d'éloignement réciproque, sont l'occasion de développer l'esprit de sacrifice et l'attachement pour l'époux : ce qui constitue l'union conjugale. Les devoirs subsistent, sont même rendus plus étroits. La société n'a pas le droit d'intervenir.

M. de Marcère terminait en demandant que les deux époux indistinctement pussent faire convertir le jugement de séparation de corps en divorce. Il priait aussi la Chambre des députés de rendre aux articles du titre VI du code civil leur force première et d'approuver les quelques modifications proposées (1).

II. **Au Sénat.** — A. Le projet de la commission. — Le projet de la Commission fut transmis au Sénat, admettant comme causes de divorce :

« Celles admises par le titre VI du code civil avec les modifications suivantes :

» Art. 230. — La femme pourra demander le divorce pour cause d'adultère de son mari.

» Art. 231. — Les tribunaux pourront accorder le divorce aux époux qui le demanderont pour excès, sévices ou injures graves de l'un envers l'autre, ainsi que pour condamnation de l'un d'eux à une peine correctionnelle d'emprisonnement pour vol, escroquerie, abus de confiance, outrage public à la pudeur, excitation de mineurs à la débauche, comme aussi pour toutes condamnations à des peines correctionnelles prononcées par les cours d'assises et les conseils de guerre des armées de terre et de mer pour crimes, à raison de l'admission de circonstances atténuantes. L'action en divorce, pour cause de condamnation à une peine correctionnelle devra être intentée dans le délai d'un an...

» Art. 232. — La condamnation de l'un des époux à une peine infamante, outre le bannissement et la dégradation civique prononcées pour cause politique, sera pour l'autre époux une cause de divorce.

» L'absence déclarée de l'un des époux sera pour l'autre époux une cause de divorce ».

(1) *Journal officiel*, 30 mars, n. 601, p. 808.

C'est M. Labiche qui fut chargé de défendre devant le Sénat le projet de la Commission : ce qu'il fit dans son rapport où il s'applique à démontrer que le divorce avec la réglementation proposée ne portait atteinte ni à la liberté de conscience ni à l'institution du mariage, ni à l'intérêt des enfants, ni à l'intérêt social.

B. CONTRE-PROJET BERNARD. — Le contre-projet alors déposé par M. Bernard acceptait la proposition de la Chambre des députés, sauf deux changements. M. Bernard supprimait : 1º la disposition de l'article 310 permettant au défendeur condamné, en dehors du cas d'adultère, d'obtenir de plein droit après trois ans la conversion de la séparation de corps en divorce. D'après le contre-projet, les tribunaux devaient toujours avoir la faculté de refuser cette conversion ; 2º M. Bernard supprimait le consentement mutuel ; le nombre des divorces resterait le même, car à Genève, où le code civil n'avait pas cessé d'être en vigueur jusqu'en 1876, il n'y a pas eu d'exemple d'un seul cas de divorce par consentement mutuel et en Belgique la proportion de ce mode de divorce avec les autres fut de 1 à 400. Le seul effet de cette suppression sera donc un « effet d'opinion », effet salutaire sur la majorité des personnes qui, d'après le chef même de cette cause de divorce, sans connaître le sens vrai des dispositions du code, s'imaginent que le mariage peut être dissous par la volonté commune des époux. Il est urgent que cette erreur disparaisse. Le remède le plus radical est de supprimer la cause de divorce.

C. CONTRE-PROJET SALNEUVE ET LABICHE. — Un autre contre-projet proposait l'abrogation de la loi de 1816 et le rétablissement pur et simple des dispositions du code civil. Il était

signé par un grand nombre de magistrats, de jurisconsultes
et en particulier par deux membres de la Commission, MM. Salneuve et Labiche. L'idée génératrice était que la loi de 1816
n'apparaissait pas comme une loi de réforme civile ; elle
n'avait pas été motivée par les abus du code. C'était simplement une loi politique provoquée par un changement de
régime.

D. Contre-projet Eymard-Duvernay. — Enfin, un dernier
contre-projet signé de M. Eymard-Duvernay acceptait le
principe du divorce avec grand regret et le réduisait à un
minimum d'application. Il autorisait en effet tout d'abord la
dissolution du mariage dans deux cas : 1° l'absence déclarée,
parce qu'il y a injustice à condamner à un veuvage indéfini
un homme ou une femme dont le conjoint a disparu depuis
longtemps ; 2° la condamnation définitive de l'un des conjoints à une peine perpétuelle ou même simplement infamante ; parce qu'il est immoral de laisser une personne
honnête « rivée » à un individu noté d'infamie. Dans ces deux
cas, la rupture du mariage devait être prononcée sur une
simple demande et sans débats contradictoires. Le contre-
projet ajoutait à ces deux cas, un divorce restreint qu'il n'admettait que pour les époux sans enfants et pour des causes
limitativement énumérées : 1° l'abandon de la femme par le
mari et réciproquement l'abandon du mari par la femme,
pendant les deux premières années du mariage ; cas de divorce emprunté aux législations étrangères qui voient dans
ces faits la plus grave des injures ; 2° l'adultère ou l'inconduite notoire et scandaleuse pendant les deux premières
années du mariage ; disposition empruntée au code prussien ;
3° les attentats volontaires de l'un des époux à la santé, à la

vie, à l'honneur, à la liberté de l'autre ; c'est-à-dire les excès
et les sévices d'une nature particulièrement grave. M. Eymard-
Duvernay autorisait enfin le divorce au bout de trois ans de
séparation de corps ; il était convaincu que la séparation de
corps indéfinie « ne produisait que des effets déplorables et
scandaleux et constituait une situation intolérable pour un
époux honnête » ([1]).

Tel est le contre-projet de M. Eymard Duvernay, et tels sont,
dans leurs grandes lignes, les principaux systèmes proposés
au Sénat en matière de causes de divorce. La discussion autour
de ces diverses propositions remit en question l'art. 230 du
code Napoléon : « La femme pourra demander le divorce pour
cause d'adultère de son mari, *lorsqu'il aura tenu sa concubine
dans la maison commune* ». La Commission avait émis le vœu
de retrancher la dernière partie de l'article. Déjà MM. Carette
et Gatineau s'étaient faits à la Chambre, dans la séance du
15 juin 1882, les adversaires de cette suppression et de l'égalité des sexes, soutenue par M. de Marcère. La polémique continua au Sénat. Le 5 juin 1884, M. Labiche fit valoir les raisons suivantes en faveur du maintien pur et simple du code
civil : 1° L'assimilation des deux époux adultères, très juste en
apparence, est repoussée par l'opinion commune qui fera toujours une différence entre les deux. La mère de famille ne
sera-t-elle pas indulgente pour l'inconduite de son fils et impitoyable pour les écarts de sa fille ? 2° les conséquences ne
sont pas les mêmes ; 3° le changement proposé sera inutile
avec la jurisprudence actuelle qui tourne la loi en recevant
toujours l'adultère du mari comme cause de séparation de

---

[1] *Off.*, février 1884, *Doc. parlem.*, Sénat, p. 71.

corps ; 4° le changement sera même dangereux, car son effet immédiat sera de multiplier les demandes en divorce. M. de Marcère avait déjà répondu à cette argumentation. M. de Pressensé et M. Demôle l'ont après lui victorieusement combattue.

Dans son discours du 20 juin 1884, M. Demôle ([1]) démontra, avec une grande force, que la différence faite par le code pénal entre l'adultère de la femme et celui du mari est absolument injustifiable si on la transporte dans le domaine civil. Peu importent, en effet, le trouble social et l'opinion commune. Les deux parties au contrat sont également obligées : égale doit être la sanction. De plus, le nombre des procès doit-il être augmenté par ce droit légalement reconnu à la femme du divorce pour adultère du mari ? N'est-ce pas là, de l'aveu même des adversaires, le droit que la jurisprudence accordait, en matière de séparation de corps, déjà depuis long-temps, par des subtilités d'interprétation ? La pratique restera donc toujours la même ; elle aura, en outre, l'avantage d'être la stricte interprétation d'un texte désormais précis. Ces raisons furent comprises des sénateurs qui adoptèrent le nouvel article 230 avec la rédaction de la Commission. En même temps, le Sénat repoussa le divorce par consentement mutuel.

Il repoussa également l'admission de l'absence déclarée comme cause de divorce parce que, d'après M. Batbie, il en serait résulté des difficultés inextricables. L'absence, dit-il, implique l'incertitude sur l'existence. Si l'absent est mort, pourquoi divorcer son conjoint d'avec lui ? Si l'absent est vivant et qu'il reparaisse après le jugement de divorce ayant prononcé la révocation des donations faites en sa faveur par son

([1]) *J. O.* du 24 juin 1884.

conjoint, cette révocation sera-t-elle définitive ? Le Sénat vit
une difficulté et refusa d'admettre l'absence. Enfin, il modifia
l'al. 1 de l'art. 232, introduisant les mots afflictive et infamante au lieu d'infamante pour exclure, par là même, le bannissement et la dégradation civique, peines rigoureusement
politiques. Plus n'était ainsi besoin de les désigner spécialement, ce qui allongeait la rédaction de l'article. Le Sénat
supprima aussi le divorce facultatif au cas de condamnation
correctionnelle. Telles furent les modifications apportées au
projet.

III. **Retour à la Chambre.** — Il revint ainsi devant la
Chambre, le 30 juin 1884. C'est M. Letellier qui fut chargé de
mettre en lumière, dans un rapport, les réformes apportées
par le Sénat au projet primitif.

Il signalait et déplorait la suppression de l'absence parmi
les cas de divorce. Si cette cause ne figurait pas dans le code
civil, c'était pour l'unique raison que le titre de l'absence
n'était ni présenté, ni voté lorsque les pouvoirs publics discutèrent le titre du divorce. Il était donc bien naturel de l'y
introduire aujourd'hui. Mais des scrupules de jurisconsultes
ont empêché le Sénat de l'admettre. Bien que M. Letellier
soit partisan de cette cause de divorce, il demande à la Chambre de « passer condamnation » dans un intérêt de simplifi-
cation, certain, dit-il, qu'une loi postérieure viendra combler
la lacune.

Il déplorait aussi le rejet du divorce par consentement
mutuel qu'admettait la loi de 1803. Le Sénat a repoussé cette
cause sur la demande du gouvernement, pensant qu'elle pourrait devenir un danger pour la société. Bien au contraire, en
dépit du préjugé, le consentement mutuel était une sauve-

garde de l'honneur des familles et le gouvernement avait eu tort d'exiger le sacrifice de cette cause. Mais c'était un sacrifice plus théorique que réel, ce mode de divorce n'étant presque pas usité dans les pays où le code civil était resté en vigueur. En Belgique, il fut demandé une fois pour quatre cents divorces. En Roumanie, une fois pour deux cents. Dans le canton de Genève, jamais. Le projet ainsi modifié fut voté le 19 juillet 1884 par la Chambre, qui accepta les changements apportés par le Sénat.

Cette loi, qui nous régit actuellement, a admis les mêmes causes que le code civil, hormis le consentement mutuel qu'elle a rejeté, le trouvant inutile tel que l'avait compris le code et n'osant pas l'établir sur des bases nouvelles. Elle a également rejeté la conversion obligatoire de la séparation de corps en divorce. Elle lui a enlevé ce caractère pour la rendre désormais facultative. Enfin, elle a repoussé les raisons pratiques des rédacteurs du code en matière d'adultère. Nous avons vu qu'elle a tenu compte de l'injure par suite de la conséquence de l'acte. Elle trouve la cause du divorce non dans le fait dommageable, mais dans le fait injurieux. C'est là une idée nouvelle du législateur de 1884 qui s'attache surtout à l'élément intentionnel. On est même allé plus loin : on a dit que les trois causes déterminées, admises par lui, procèdent d'une commune origine : la notion d'injure généralisée. En effet, au sens étymologique, l'injure consiste dans un acte quelconque contraire au droit, accompli avec l'intention de nuire. Or, il est certain que les trois causes de divorce de notre droit actuel sont constituées par des actes contraires au droit et intentionnels. En l'espèce, c'est le droit de l'époux innocent auquel il est attenté par l'époux coupable, soit au cas d'adultère, soit au cas de sévices ou injures graves, soit au cas de condamnation afflictive et infamante. C'est ainsi que l'adultère est la violation directe d'une obligation, l'obligation de fidélité corrélative d'un droit appartenant à chaque époux et qu'il est permis à chacun de faire respecter. Et la violation de ce droit constitue une injure. Celle-ci apparait encore très clairement pour la seconde, cause de divorce : les excès, sévices ou injures graves. Enfin, la troisième cause, celle résultant d'une condamnation afflictive ou infamante, se résout encore en dernière analyse, en une idée d'injure. Il rejaillit, en effet, de la condamnation, une honte, un préjudice moral, quelque-fois matériel sur l'époux innocent, parce que le mariage implique une solidarité absolue tant en matière pénale qu'en matière civile. Et ce préjudice moral est le résultat d'un fait illicite nécessairement intentionnel. De plus, ce fait illicite, qui change la qualité d'un contractant, change, par là même, la nature de l'association conjugale, en violation de l'obligation tacitement contractée lors du mariage de lui conserver toujours son caractère primitif. C'est donc encore une injure.

On a contesté cette synthèse des causes de divorce en une cause unique ; on a dit qu'elle n'était pas plus dans l'esprit du législateur de 1884 qu'elle n'avait été dans l'esprit de celui du code civil. Quoi qu'il en soit, il est certain que les trois causes de divorce de notre loi ne peuvent résulter que de l'abus ou de la violation intentionnels de ce droit et c'est là, ce semble, une raison suffisante pour qu'on puisse les faire entrer toutes trois dans la notion large d'injure.

APPENDICE

I. Algérie. — Les règles de droit en vigueur chez les musulmans d'Algérie (¹) sont à peu près celles du droit musulman du rite malékite. Le mariage est assimilé à une véritable vente avec une chose, la femme et un prix, la dot. Il est un pur contrat synallagmatique qui se forme « *solo consensu* », se défait de même et où les autorités civiles et religieuses n'ont aucune ingérence.

1° LE DIVORCE PAR CONSENTEMENT MUTUEL. — Le divorce y est donc admis par consentement mutuel, sans aucune procédure, sans entrave. La femme stipule cependant lors du mariage une somme d'argent que le mari lui paiera si le divorce a lieu par la volonté commune : le mari paie ainsi le prix de la femme qu'il a eue en sa possession pendant la durée de l'union. Quelquefois par exception, le divorce a lieu sans indemnité.

2° LA RÉPUDIATION. — Logiquement, les mariages des musulmans d'Algérie ne devraient pas se rompre par la répudiation, mode de dissolution essentiellement unilatéral inconciliable avec la nature bilatérale du contrat. C'est pourtant le mode

(¹) D'après Zeys, *Traité élém. de droit musulman malékite* (Alg. 1886) et Sautleyra et Cherbonneau, *Droit musulman* (Paris 1874).

de divorce le plus fréquent. Elle est un droit pour le mari qui peut, sauf indemnité, renvoyer sa femme sans indiquer aucun motif. Elle est simple, double ou triple suivant la formule dont s'est servi le mari et, suivant son caractère, elle produit des effets différents. La répudiation résultant de la formule simple ou double laisse au mari le droit de reprendre sa femme. La première n'est qu'une séparation temporaire. Le lien des époux n'est que relâché; ils peuvent recommencer la vie commune quand bon leur semble. Ils ne le peuvent qu'au moyen d'un nouveau mariage avec la seconde formule. La troisième leur enlève tout espoir de retour à la vie conjugale. Le remariage n'est possible que si la femme répudiée a été épousée par un autre homme puis répudiée à nouveau ou laissée veuve par son second mari.

3° LE DIVORCE PAR AUTORITÉ DE JUSTICE. — En même temps que par répudiation, le divorce est possible par autorité de justice. La législation musulmane du rite de Maleck accorde ainsi le divorce au mari et à la femme pour une série de causes déterminées.

A. *Le mari* peut l'obtenir pour adultère de sa femme : moyen de divorce appelé *lian* (malédiction) par suite de l'organisation de la preuve particulière au pays. Le fait doit être prouvé par l'affirmation de quatre témoins *oculaires ;* ce qui, en pratique, est au moins difficile. Par quelle machination de génie le mari trompé parviendra-t-il à assembler quatre personnes qui assisteront au spectacle de sa mésaventure? Aussi les quatre témoins oculaires peuvent-ils être suppléés par quatre serments solennels prêtés par le mari. Mais la femme, de son côté, les neutralisera par quatre serments analogues et contraires, appelant comme ceux du mari l'arsenal de toutes les malédictions et de tous les châtiments infernaux sur la tête de l'époux menteur. Auquel cas, l'union conjugale comprenant à coup sûr un époux « maudit » avec raison, ne peut subsister, et le divorce naît de cette malédiction. Il peut encore résulter, sans obliger le mari à payer aucune amende, de la stérilité de la femme ou de ce fait qu'elle avait perdu sa virginité avant son mariage. Les maris arabes sont très jaloux et très fiers de leurs prérogatives à ce sujet sur leurs femmes, à en juger seulement par le trait de mœurs tout oriental universellement pratiqué dans l'intérieur de l'Algérie. Le lendemain du mariage, à la fenêtre de la chambre nuptiale, est toujours exposée la chemise ensanglantée de la mariée qui prouve ainsi, aux yeux de tous, la pureté antérieure de la nouvelle épouse.

B. *La femme*, elle aussi, peut demander le divorce pour certaines causes déterminées qui sont soumises à l'appréciation du Cadi. Celui-ci doit l'accorder lorsqu'il constate des mauvais traitements, des injures graves ou une inexécution coupable des devoirs généraux du mariage et des promesses du contrat. Les faits suivants qui révèlent des coutumes parfois originales, sont considérés comme constitutifs de l'injure grave devant entraîner le divorce ou comme des manquements aux obligations du mariage : Lorsque le mari laisse sa femme sans aliments, l'oblige à mendier pour vivre ou l'abandonne sans ressources pendant plusieurs mois. S'il lui refuse des vêtements décents, de l'huile pour sa chevelure ou une habitation séparée de celle de ses autres femmes. S'il est moins généreux avec telle de ses femmes qu'avec les autres dans l'accomplissement du devoir conjugal. Si son impuissance, antérieure ou non au mariage, est reconnue. Enfin s'il

veut obliger sa femme de rentrer au domicile conjugal, montée
sur un âne, dans les localités où les femmes honnêtes ne mon-
tent que sur des chevaux.

II. **Autres colonies.** — Les causes de divorce du code civil
modifié par la loi de 1884 sont applicables à la population
française de toutes les contrées où le code a été promulgué
par des décrets ou des arrêtés locaux ; c'est-à-dire la Marti-
nique, la Guadeloupe, la Guyane, le Sénégal, la Réunion,
Saint-Pierre et Miquelon, Mayotte et Nossi-Bé, la Nouvelle-
Calédonie, Obock, les établissements d'Océanie, la Guinée, le
Gabon, Sainte-Marie, Madagascar et la Cochinchine. Les
indigènes sont régis par de vieilles coutumes locales.

L'Annam est soumis à une législation particulière inspirée de
vieilles traditions du pays et souvent semblables aux règles de
droit chinois (¹). Le code annamite fait du mariage un acte privé.
Les seules formalités publiques, en dehors des rites mysti-
ques et compliqués qui vêtissent le contrat, sont exigées relativement aux bans et à l'inscription du mariage sur les registres par un décret du 3 octobre 1883. Malgré cette conception
du mariage, le divorce n'est pas un acte privé ; il doit être
demandé en justice. Les causes pour lesquelles il est admis
sont : 1° en faveur des deux époux les excès ou sévices graves ; la condamnation à une peine infamante ; l'absence
déclarée ; le consentement mutuel soumis au régime de notre
code civil ; 2° en faveur du mari, l'adultère de la femme ;
l'abandon du domicile conjugal ; les excès ou sévices graves
envers les ascendants du mari. Une particularité intéressante
du code annamite est de déclarer l'action en divorce pour une

---

(¹) Code annamite, trad. Aubaret, 1865.

cause autre que l'adultère, l'abandon du domicile, et la condamnation infamante, irrecevable toutes les fois que les époux
ont porté ensemble un deuil de trois ans, qu'ils sont devenus
riches au cours du mariage; que la femme n'a pas de parents
chez qui elle puisse se retirer (¹).

(¹) Code annamite, art. 108.

TROISIÈME PARTIE

Législations étrangères au XIXe siècle.

L'évolution même des causes de divorce nous a montré que dans l'antiquité la réglementation du mariage était dans le domaine du droit. Les Romains, depuis Romulus à Justinien, en avaient fait un contrat et rien qu'un contrat. Si nous y trouvons une cérémonie religieuse lorsqu'il était formé « *confarreatione,* » nous savons qu'elle n'était en quelque sorte qu'un accessoire de la convention, qu'une garantie. La divinité n'intervenait, comme d'ailleurs à tous les autres contrats symboliques du très ancien droit romain, que pour en assurer l'exécution. Les formules contractuelles qui nous sont parvenues attestent très nettement cette mesure de participation de l'Olympe aux conventions des humains et montrent par là même, l'idée que les Romains se faisaient du contrat en général : idée qu'ils appliquaient au mariage. Pour eux, l'élément constitutif était le « lien ». La divinité n'assistait, comme le libripens, que pour le rendre plus facile ou plus efficace.

Ce n'est pas cette idée du mariage qui a passé dans nos législations modernes. L'Eglise s'en est emparée; elle a posé en dogme le mariage-sacrement, exclusivement religieux.

Elle a refusé au pouvoir temporel le droit de le réglementer ;
à ses législateurs, d'en déterminer les conditions de validité ;
à ses tribunaux, de le dissoudre ; ce qui n'est soutenable qu'en
niant l'indépendance de la souveraineté des États ; d'où les
vives protestations de nos anciens juristes français ; d'où la
lutte séculaire de nos rois contre l'influence canonique s'im-
misçant toujours entr'eux et leurs sujets en matière matrimoniale. On est arrivé ainsi à reconnaître au mariage une nature
mixte de contrat et de sacrement, à le considérer comme acte
indivisible à la fois civil et religieux. Notre loi française, et
après elle beaucoup de lois étrangères, ont fait un pas de
plus. Elles ont formellement séparé le contrat du sacrement
et remis le mariage dans le domaine du droit, d'où il était
sorti. La loi civile a ainsi organisé le mariage à un point de
vue purement social. Elle a donc pu le déclarer indissoluble
ou au contraire admettre des causes de divorce, suivant
qu'elle jugeait l'un ou l'autre de ces régimes plus conforme
au génie de son peuple.

Et c'est ainsi que le mariage est redevenu, après une évolution de dix siècles, ce qu'il était au début du droit romain :
un pur contrat. La plupart des peuples européens ont suivi la
France et sont arrivés, après elle, au dernier terme de l'évolution. Mais tous les pays ne sont pas encore parvenus à la
transformation complète du mariage religieux en contrat civil.
L'Autriche notamment considère le mariage comme un acte
à la fois civil et religieux. Il en est de même de la Russie. De
plus, certains pays ayant admis le principe de la sécularisation du mariage n'en ont pas admis la conséquence directe.
« le divorce ». Parmi ceux qui en reconnaissent la légitimité
et le besoin, les uns le restreignent à un très petit nombre

de cas strictement délimités, les autres le permettent dans une très large mesure. Ces différences dans le droit matrimonial des peuples modernes viennent justement de ce que, chez tous, l'influence de la théorie canonique a laissé des traces profondes. Nous devons donc, pour étudier les causes du divorce dans les diverses législations des peuples d'aujourd'hui, tenir compte des influences religieuses qui ont modifié leur droit matrimonial pendant des siècles. Puisque le droit canon des diverses Églises est la source des différences et des affinités que nous allons trouver dans les diverses lois, il nous paraît plus rationnel de les grouper suivant les religions plutôt que suivant les influences politiques. Nous examinerons ainsi dans un premier chapitre les législations des peuples chrétiens, réunissant dans une première section celles des pays catholiques d'Occident, dans une deuxième, celles des catholiques grecs, dans une troisième, celles des protestants. Un deuxième chapitre sera consacré aux pays hors chrétienté. Nous aurons ainsi dans chaque groupe, des systèmes de lois se ressemblant entre elles, des sortes de familles de règles juridiques nous montrant des caractères communs, comme des individus issus d'une même origine et qui se seraient développés dans le même milieu.

CHAPITRE PREMIER

PAYS CHRÉTIENS

SECTION PREMIÈRE

CATHOLIQUES D'OCCIDENT

§ I. *EUROPE : Italie, Espagne, Portugal, Monaco, Autriche, Hongrie, Belgique, France.*

La plupart de ces pays ayant fait leur droit matrimonial sous l'influence exclusive du droit canon de l'Eglise romaine n'admettent pas le divorce.

I. L'**Espagne**, le **Portugal**, l'**Italie**, sont restés fidèles au principe de l'indissolubilité. S'ils ont admis le mariage civil, ils ont rejeté le divorce au sens technique du droit romain et de notre droit. Le code espagnol de 1888-89 appelle « divorcio » la séparation de corps (¹). Cette solution ne fut pas obtenue sans difficultés en Italie où le divorce fut mis en question lors de la discussion du nouveau code civil et où il fut défendu par de chauds partisans, particulièrement par M. Buvina. Mais il fut néanmoins prohibé (²). La petite *principauté de Monaco*, régie par la loi calquée sur notre code français, suit encore le régime de celui-ci, modifié par la loi de 1816 et ne permet pas le divorce. Telles sont les quatre législations qui

(¹) Code civil, art. 104.
(²) Code civil, art. 148.

seules en Europe n'admettent aucune autre cause de dissolution du lien conjugal que la mort.

II. L'**Autriche**, malgré ses attaches historiques avec l'Espagne et le Saint-Siège, reconnaît de justes causes de divorce, mais seulement au profit de ses sujets appartenant à un autre culte que le catholicisme romain ([1]). Le § 115 du code autrichien permet aux non-catholiques de divorcer dans les cas suivants : 1° lorsqu'un des deux époux s'est rendu coupable d'adultère ; 2° lorsqu'un des deux époux s'est rendu coupable de désertion malicieuse et qu'il n'est pas revenu dans l'année à dater de la sommation judiciaire publique de réintégrer le domicile conjugal ; 3° au cas d'attentats dangereux pour la vie ou la santé d'un conjoint ; 4° au cas de sévices graves ou réitérés ; 5° lorsqu'un époux a été condamné à cinq ans au moins de travaux forcés, pour crime ; 6° lorsqu'il existe entre les deux époux « une aversion profonde et insurmontable ». Le divorce n'est alors possible qu'après plusieurs séparations de corps préalables qui prouvent le dégoût réciproque. Le divorce des Juifs est soumis, d'après le code autrichien, à un régime hors le droit commun. Ils peuvent divorcer par consentement mutuel après une tentative de conciliation devant le rabbin et devant le tribunal compétent. Pour causes déterminées, le divorce n'est admis que lorsque la femme a commis un adultère et il se fait par lettre de répudiation après la décision du tribunal l'autorisant ([2]).

III. **Hongrie.** — Avant 1895, la Hongrie avait, elle aussi, un droit matrimonial extrêmement varié. Chaque Église avait une loi différente et l'appliquait sans aucun contrôle de l'Etat.

([1]) Code civil autrichien, § 3.

([2]) Code civil autrichien, § 132. 4. 5.

Chaque Église réglait différemment les modes de dissolution du mariage. C'était un véritable chaos. La loi XXXI de 1894, promulguée en 1895, dispose que le mariage peut être dissous par un jugement de divorce rendu par le tribunal civil :

1° Lorsqu'un des époux s'est rendu coupable d'adultère ou d'un crime contre nature (§ 76);

2° Lorsqu'il a contracté un nouveau mariage sachant l'existence du premier (§ 76);

3° Lorsqu'il abandonne volontairement et sans motifs son conjoint, reste six mois absent, ne réintègre pas le domicile conjugal après un délai fixé par une sentence judiciaire et qui commence à courir à l'expiration des six mois. Encore, lorsqu'un époux a une résidence inconnue et ne revient pas dans l'année de la sommation judiciaire publique qui lui a été adressée;

4° Lorsqu'un époux attente à la vie ou à l'intégrité corporelle de son conjoint (§ 78);

5° Lorsqu'il est condamné à cinq ans de travaux forcés, à moins que la condamnation ne soit antérieure au mariage et connue de son conjoint (§ 79);

6° Lorsqu'il manque d'une façon grave et intentionnelle aux devoirs du mariage (§ 80);

7° Lorsqu'il entraîne ou tente d'entraîner un de ses enfants à un acte immoral ou criminel (§ 80);

8° Lorsque la mauvaise conduite d'un conjoint est incorrigible (§ 80);

9° Lorsqu'il encourt une condamnation, postérieurement au mariage, à moins de cinq ans de travaux forcés, de réclusion ou même d'emprisonnement pour une infraction commise par lucre (§ 80).

— 149 —

Dans les quatre causes du paragraphe 80, le juge a un pouvoir d'appréciation et la loi dispose qu'il ne doit dissoudre le mariage que si le fait allégué est de nature à rendre la vie commune insupportable. Il doit toujours prononcer une séparation de corps préalable de six mois à un an.

10° Il est toujours possible aux époux de faire convertir en divorce une séparation de corps qui a duré deux ans (§ 107).

Telle est la loi hongroise, beaucoup plus large que la loi autrichienne, malgré les affinités et les attaches des deux pays. Du défaut d'unité dans les lois autrichiennes, du défaut d'harmonie de ces lois avec le droit du peuple voisin, les Hongrois, enfin de l'étroitessse de ces lois en matière de divorce sont nées des difficultés inextricables. Quelque sentiment louable qui ait animé le législateur prohibant le divorce entre catholiques, il n'est pas en son pouvoir pas plus qu'il n'est au pouvoir de l'Eglise, selon le mot philosophique de M. Baudry-Lacantinerie, « d'empêcher les mauvais ménages ». Il n'a même pas été au pouvoir du législateur autrichien d'enlever aux époux malheureux l'envie de divorcer malgré la loi. Et ils usent à cet effet du moyen suivant : sans changer de résidence, ils changent de nationalité et de culte en se faisant naturaliser hongrois; ce qui est extrêmement simple, la qualité de citoyen hongrois s'accordant avec une excessive facilité. Ils n'ont alors, après s'être mis d'accord pour cesser la vie conjugale, qu'à demander le divorce en Hongrie qui leur donne la liberté et l'espoir d'une nouvelle union plus heureuse. Fuchs ([1]) nous affirme qu'il n'y a pas moins de deux cents ménages qui, à Vienne, ont ainsi dissous leur

([1]) (Bibl.) Fuchs, Das Ehchin derniss besehenden Ehebandes nach osterreichischem Rechte und seine Umgehung.

mariage et en ont contracté de nouveaux. Il en fut de même
à Gratz et à Prague. On les appelle les fameux mariages
« transylvaniens ». Ne vaudrait-il pas mieux permettre, dans
des limites raisonnables, le divorce à tous les nationaux d'un
pays plutôt que les astreindre à de tels stratagèmes?

IV. **La Belgique** obéit toujours aux règles de notre code
civil. Elle admet le divorce dans la même mesure et pour les
mêmes causes que notre loi de 1804.

§ II. *AMÉRIQUE : Pérou, Brésil, Chili, Mexique, République-
Argentine, Urugay.*

La législation de ces Etats, tous d'origine portugaise ou
espagnole, n'admet pas le divorce comme mode de dissolution
du mariage. L'Espagne est le pays du monde où l'influence
canonique s'est affirmée avec le plus de force, et l'Italie,
siège de la papauté, fut moins imprégnée de ses principes. Ils
furent si vivants en Espagne qu'ils ont passé les mers et sont
allés inspirer les lois matrimoniales des colonies hispano-
américaines. Ils ont même plus tard empêché les codes civils
des Etats indépendants nés de ces colonies de reconnaître de
justes causes de divorce.

SECTION II

PAYS CATHOLIQUES D'ORIENT

§ I. *Russie, Bosnie et Herzégovine, Bulgarie et Roumélie, Serbie,
Montenegro, Roumanie, Grèce.*

Chez les catholiques grecs, le mariage religieux, malgré sa
nature de sacrement, ne fut jamais indissoluble. Aussi les

races slaves et grecques ont-elles toujours admis des causes de divorce.

I. **Russie**. — Les Russes, pour qui le mariage est resté un acte religieux, qui lui reconnaissent *expressis verbis* ce caractère dans leur loi civile (Svod) (¹), qui réglementent différemment le mariage contracté par deux personnes de l'Église grecque russe, d'une autre Eglise chrétienne ou d'une religion infidèle, admettent, sauf de très rares exceptions, la dissolubilité du mariage par le divorce. Ce principe est consacré non seulement par le « Svod » qui s'applique a une infime minorité, les bourgeois et les nobles ; mais encore par les très nombreuses coutumes ayant force de loi, auxquelles sont soumises certaines classes, comme les paysans, et certaines provinces, comme les provinces baltiques ou les provinces caucasiennes. Pour déterminer les causes de divorce, il faut distinguer si :

A. LES DEUX ÉPOUX APPARTIENNENT A L'ÉGLISE RUSSE. — Le divorce est alors prononcé par un tribunal ecclésiastique pour : *a)* adultère d'un époux. La loi russe ne distingue pas, entre l'homme et la femme ; *b)* l'impuissance ou la stérilité. L'action n'est recevable que dans les trois ans, après la célébration du mariage. Il doit être prouvé que cette impuissance est *antérieure* au mariage : ce qui fait de ce cas de divorce un cas de nullité ; *c)* la dégradation civique ou la condamnation à une peine privant l'époux de tous les droits de sa condition. L'autre époux a alors le choix entre le divorce, ou suivre son conjoint en Sibérie. Si le déporté a sa peine remise et revient en Russie, par grâce ou par réhabilitation, son retour est une fin de non-recevoir à opposer au conjoint qui n'a pas encore intenté l'action

(¹) Svod, 1. 10, 1ʳᵉ partie, art. 1 et s.

ou qui même, l'ayant intentée, n'a pas encore obtenu de jugement dissolvant le mariage; *d*) l'absence de cinq ans au
moins, et de dix ans pour les militaires, après une enquête
faite par l'Eglise.

La loi russe interdit formellement le divorce par consentement mutuel, et elle établit des mesures pour que cette prohibition ne soit pas violée. L'aveu du conjoint coupable n'est
pas reçu comme mode de preuve, à moins qu'il ne soit cor-
roboré par des présomptions graves et concordantes.

B. Un seul des époux appartient a l'église russe. — Les
causes de divorce sont les mêmes. L'action doit être portée
devant le tribunal diocésain, et sa décision approuvée par le
Saint Synode.

C. Les deux époux appartiennent a une confession autre
que l'église russe. — Le divorce est prononcé par le tribunal
compétent, d'après la loi personnelle des époux. C'est ainsi
que les provinces baltiques ont un landrecht particulier, que
la Pologne a, par exception, depuis 1825, une loi interdisant
le divorce pour sa population, dont la majorité est catholique
romaine (¹). Pour les dissidents religieux, ne pouvant être
rangés dans aucune secte religieuse constituée et reconnais-
sable, il leur est permis de divorcer pour les causes du Svod,
c'est-à-dire le droit commun des orthodoxes.

En somme, la législation russe n'a aucune unité; aussi
elle engendre à tous moments des difficultés inextricables.
La laïcisation du mariage n'étant pas achevée, les tribunaux
de l'empereur, autorité souveraine, jugeant d'après le droit
canon et d'après le Svod; la pratique offre perpétuellement

(¹) Loi de 1825, art. 67.

l'exemple des conciliations impossibles entre le Svod, instrument d'unité, sorte de règle idéale, et l'infinie variété des coutumes et des statuts.

II. **Bosnie et Herzégovine.** — Ces deux États, quoique occupés par l'Autriche-Hongrie, observent encore d'antiques usages comme les autres pays slaves méridionaux. Les nouveaux codes n'ont pas pu les supprimer; le mariage a conservé son caractère ancien d'institution d'une époque où il était un mélange bizarre de coutumes barbares et de principes religieux. Les femmes y sont d'une fidélité à toute épreuve qui survit souvent à la mort de leur mari; le second mariage est considéré comme un outrage au défunt. Aussi l'adultère est-il pour le mari la dernière des injures qui lui donne le droit, qui lui crée même l'obligation morale de renvoyer sa femme. Il lui est en outre permis de divorcer lorsque sa femme le vole, vend, à son insu, un bien de patrimoine, ou simplement sent mauvais de la bouche (¹).

III. **Bulgarie et Roumélie.** — Elles obéissent à peu près aux mêmes usages que la Bosnie et l'Herzégovine. La Turquie dont elles dépendent leur laisse, à cet effet, pleine liberté. Le mari y peut toujours renvoyer sa femme pour les causes ci-dessus indiquées, et encore s'il découvre qu'elle était, à son insu, grosse avant son mariage; si elle devient folle. Enfin il peut la renvoyer sans aucun motif, mais il lui doit alors une indemnité pécuniaire et il est obligé de pourvoir à son entretien pendant toute sa vie (²).

IV. **Serbie.** — Les Serbes, qui sont eux aussi de race slave, ont depuis 1844 un code civil empreint de l'influence de l'Eu-

(¹) Glasson, *Le mariage civil et le divorce*, p. 424 s.
(²) *Idem.*

rope occidentale. Cependant le mariage y est resté un sacrement soumis aux formes et à la réglementation de l'Eglise
grecque. Les causes de nullité comme les causes de divorce sont
énumérées dans le code civil (art. 94 à 107) mais inspirées par
le recueil de textes juridiques de l'Eglise « le monokanon ».

Le droit serbe autorise le divorce tout d'abord pour les
mêmes causes que le droit français : 1° l'adultère; 2° la condamnation à une peine afflictive et infamante; 3° les excès, les
sévices et injures graves. Il reconnaît en outre 4° l'abjuration
de la foi chrétienne. C'est une conséquence directe du caractère religieux du mariage et de la compétence des tribunaux
de l'Eglise; 5° l'absence et l'abandon malicieux. Il faut, pour
que l'action soit recevable, si l'absence n'est pas préméditée,
c'est-à-dire hors le cas d'abandon malicieux, qu'il se soit
écoulé un délai de trois à quatre années. Le tribunal ecclésiastique saisi de la demande en divorce fait alors citer l'absent
et prescrit des mesures de publicité pour que la citation par-
vienne à sa connaissance. Si le défendeur ne comparait pas,
le demandeur est affranchi au bout d'un an des liens de son
précédent mariage et peut en contracter un autre.

Si l'époux absent a prévenu, avant son départ, les autorités
qu'il s'éloignait pour tel motif, le délai est de six ans au lieu
de quatre et la procédure en tous points semblable. Si, passé
ce délai et après le remariage de son conjoint, l'absent reparaît, il lui est loisible de faire revivre son mariage ou, au contraire, d'en contracter un nouveau. Enfin les demandes en
divorce pour les causes ci-dessus énoncées, ne peuvent être
introduites devant le tribunal ecclésiastique compétent qu'après
quatre tentatives de conciliation, toujours devant le ministre
du culte.

Ces règles du code civil sont obéies dans les villes; mais les habitants des villages et des hameaux de Serbie, résistant au mouvement d'uniformité de la codification moderne, suivent de vieux usages semblables à ceux des slaves méridionaux des pays voisins.

V. **Monténégro**. — Le code civil monténégrin ne réglemente pas le mariage ; il laisse à celui-ci son caractère religieux. Les règles observées en cette matière sont celles du droit canon mélangé de très vieilles coutumes du pays. Elles admettent à peu près les mêmes causes de divorce que la Serbie ([1]).

VI. **Roumanie**. — La Roumanie, ancienne colonie romaine, fondée par l'empereur Trajan, au commencement du second siècle de l'ère chrétienne, fut tour à tour vassale du Sultan, de la Russie, à nouveau du Sultan ; ce n'est qu'au traité de Berlin qu'elle a recouvré son indépendance. Quelques vicissitudes que ce petit pays ait subies dans l'histoire, il est toujours resté fidèle à son origne romaine par ses institutions juridiques; il a éliminé, comme un organisme chasse un corps étranger, toutes les influences étrangères au droit romain : influence des coutumes slaves, influence canonique, influence féodale. En 1817 le code civil romain « code Caragéa » fut pris à la source du droit byzantin des Basiliques qui reproduisent, comme on le sait, le droit de Justinien. Et si le code de 1864 est la reproduction de notre code français, les jurisconsultes rédacteurs de ce code se sont bien gardés de copier notre réglementation matrimoniale d'origine canonique. Le droit de la famille roumaine a été inspiré directement par le droit romain ; c'est ainsi

([1]) Lehr, *Le mariage, le divorce et la séparation de corps,* p. 298.

qu'il n'admet pas la séparation de corps mais seulement le divorce. Celui-ci est possible : 1° par consentement mutuel, comme à Rome (art. 211 s.). Il est encore possible pour causes déterminées : 1° pour adultère du mari ou de la femme (art. 210) ; 2° pour excès, sévices et injures graves, avec un pouvoir d'appréciation par le juge (art. 212) ; 3° pour le fait, par un époux, d'avoir attenté à la vie de l'autre ou de ne pas avoir empêché l'attentat commis par un tiers dont le projet était connu de lui (art. 215) ; 4° pour condamnation à la réclusion ou aux travaux forcés (art. 213). Le divorce par consentement mutuel est soumis à des règles curieuses : il ne peut être prononcé que si le mari a 25 ans et la femme 20 ou s'il ne s'est pas écoulé au moins deux ans depuis le mariage. Enfin, par une disposition toute romaine, le consentement des parents est requis dans la même mesure que pour la formation du mariage.

VII. Grèce. — La Grèce voulut, elle aussi, avoir, comme la Roumanie, un code civil, mais elle fut moins heureuse que sa voisine. Le projet annoncé par une constitution de 1822 est toujours en gestation et le droit en vigueur toujours le droit byzantin de « l'Hexabiblos d'Hormenopoulos » modifié en certains points par des usages invétérés pendant la longue domination des Turs ou par le droit canon. Le mariage est presque entièrement régi par des règles canoniques, mais les causes du divorce sont celles de la Novelle 117 de Justinien. D'après le fameux projet du code civil, ce sont : 1° l'adultère de la femme ou du mari, mais l'adultère du mari doit être aggravé de l'entretien de la concubine dans la maison conjugale ; 2° les mauvais traitements, les attentats ou les injures réfléchis, de nature à entacher l'honneur ou la réputation ;

3° la condamnation à raison d'un crime; 4° l'abandon du domicile conjugal depuis au moins trois ans; 5° l'absence remontant à six années au moins; 6° une séparation de corps de trois ans est convertissable en divorce, sauf celle prononcée contre la femme pour adultère (art. 290, 291, 303 à 307).

Les personnes qui n'appartiennent pas à la religion grecque ne peuvent, d'après le projet, demander le divorce que lorsque la religion ne s'y oppose pas. Le divorce par consentement mutuel est prohibé expressément, mais la séparation de corps est toujours convertissable (¹). Tel est le projet du code civil grec et telles sont les principales règles en matière de causes de divorce, admises dans cette famille de nations d'origine gréco-slave (la Roumanie exceptée), qui, suivant en général la religion grecque orthodoxe, tiennent le milieu entre les races latines et les peuples germaniques, moins restrictives que les premières et beaucoup moins larges que les seconds.

SECTION III

PAYS PROTESTANTS

Allemagne, Luxembourg, Pays-Bas, Suisse, Danemark, Suède et Norvège, Angleterre, États-Unis.

I. **Allemagne.** — Ce sont de toutes les lois européennes les lois des Germains qui ont rendu plus facile la rupture du lien conjugal. Ce peuple a toujours manifesté, d'une façon très nette, son aversion pour la séparation de corps, parce qu'il a toujours flétri le célibat et qu'il l'a vu comme une conséquence forcée de celle-ci. Aussi a-t-il favorisé le divorce et en a-t-il

(¹) Glasson, ouvrage précité, p. 431.

multiplié les causes. Tel est l'esprit du vieux droit territorial allemand et en particulier du Landrecht prussien; telle est aussi la cause des attaques dirigées contre lui par les théologiens. Dès 1830, certains pasteurs protestants refusèrent d'unir des époux divorcés pour une cause émise par le landrecht, loi civile en vigueur depuis le commencement du siècle, mais non prévue par le droit canon de l'Église réformée. Les difficultés ne cessèrent de surgir jusqu'en 1875, où fut promulguée, à la date du 6 février, la loi prussienne votée le 8 mars 1874. Elle fit du mariage un acte civil, supprima la séparation de corps et affirma avec une force qui brisait toutes les résistances en même temps que le principe de la sécularisation de droit, la réglementation antérieure du divorce. Cette loi fut enfantée au milieu d'une véritable guerre de religion avec tout son cortège de persécutions, entre la la Prusse et le Saint-Siège. Depuis longtemps déjà, les jurisconsultes allemands considéraient le mariage civil comme une conséquence nécessaire de l'indépendance de l'État. La domination française l'avait introduit dans certaines parties de l'Allemagne, dans la ville de Francfort et dans la Prusse rhénane. En 1847, deux lois, l'une du 13 mars, l'autre du 23 juillet l'établirent dans toute la Prusse pour ceux professant un culte reconnu par l'État et pour les Juifs. Ces dispositions furent étendues au Hanovre, à la Hesse et au Nassau. La constitution du 25 décembre 1848 du parti révolutionnaire avait posé le principe du mariage civil obligatoire pour tous et en 1868 le Congrès des jurisconsultes d'Heidelberg décida que dorénavant : « Le mariage civil devait être regardé comme la seule forme de mariage possible dans les rapports actuels de l'Église et de l'État en Allemagne. Tous les obstacles au mariage résultant des différences de confession tomberont ainsi avec l'introduction du mariage civil. » Ce n'est qu'après une lutte opiniâtre que la loi fut votée et promulguée en 1874 par le roi pour toute la Prusse, en 1875 par le Parlement allemand et l'empereur pour toute l'Allemagne. Cette loi réglementait très incomplètement le divorce et laissait subsister les causes très nombreuses du vieux landrecht prussien, aussi fut-elle complétée et profondément modifiée par le nouveau Code civil voté en 1896 et exécutoire le 1er janvier 1900. Nous avons ainsi à étudier les causes de divorce dans le landrecht des principaux pays allemands, les modifications apportées à ces législations par la loi d'Empire de 1875, enfin les dispositions du code civil.

1° LOIS TERRITORIALES DES ÉTATS ALLEMANDS AVANT 1875. — La plupart de ces États avaient leur loi particulière, originale, édictant en matière de divorce des règles différentes de celles de l'État voisin. Aussi, allons-nous rencontrer des systèmes foncièrement dissemblables entre eux.

A. *Landrecht prussien.* — Il réglemente les causes de divorce avec un luxe curieux de détails souvent indiscrets et toujours favorables au divorce (2° part., tit. I, §§ 668 à 834). La première cause admise est l'adultère de l'homme ou de la femme indifféremment et sans qu'il soit besoin que l'adultère du mari soit accompagné de l'aggravation exigée par notre code civil français. Par une bizarrerie injustifiable en équité, le landrecht prussien, qui n'admet pas la compensation entre l'adultère de l'homme et l'adultère de la femme, si la femme la demande, l'admet au contraire si c'est le mari. Il déclare ainsi irrecevable l'action en divorce de la femme poursuivant son mari coupable d'adultère toutes les fois que celui-ci réus-

sit à prouver que sa femme a, elle aussi, violé la foi conjugale. Cette disposition détruit cette égalité de traitement que
la loi prussienne semblait avoir entrevue en admettant également comme cause de divorce l'adultère simple du mari et
de la femme.

1° A l'adultère, le landrecht assimile les relations contre
nature ;

2° Il assimile encore — et fait par là entrer le droit dans
le domaine de l'arbitraire le plus fantaisiste — « des relations
compromettantes qui font présumer une violation prochaine
de la foi conjugale ». Un soupçon vague ne suffit pas, nous
dit la loi ; il faut une conjecture, une probabilité, une sorte
d'intuition impulsive qui avertit l'époux malheureux du danger imminent....., et la loi pousse la cruauté jusqu'à exiger
de l'époux menacé qu'il fasse donner judiciairement à son
conjoint l'ordre de cesser ses relations. Ce n'est qu'après
cette sommation officielle, si les relations dangereuses ne ces-
sent pas, que celles-ci peuvent servir de fondement à une
action en divorce (670 à 760).

4° La « désertion malicieuse » est une cause admise au profit de chaque époux. L'action n'est recevable que lorsque
l'abandon a duré quatre ou dix années suivant qu'il existe ou
n'existe pas en faveur de l'époux déserteur des motifs légitimes d'absence. Le landrecht, toujours soucieux de la bonne
harmonie dans les ménages de Prusse, ne craint pas les mesures de publicité, le scandale même s'ils peuvent amener le
résultat cherché. C'est ainsi qu'au cas de désertion malicieuse,
l'époux coupable doit être mis en demeure par sommation
judiciaire de réintégrer le domicile conjugal. Si la résidence
de l'époux absent est inconnue ou si elle est à l'étranger, la

sommation se fait publiquement, par la voie des journaux. L'époux abandonné doit au préalable et pendant une année, s'efforcer, par tous les moyens, de découvrir cette résidence. Si c'est la femme qui est partie, elle ne peut rentrer que sous bonne escorte de témoins dignes de foi qui viennent affirmer au mari qu'elle a eu pendant son absence une conduite irréprochable. Faute de quoi le mari est autorisé à ne pas recevoir sa femme qu'il a sommée de rentrer et il peut alors, contre elle demander le divorce;

5° Le refus du devoir conjugal « avec persistance » (§ 694-695) est un cas de divorce. La loi n'a pas craint de pénétrer très avant dans l'intimité de cette délicate matière. Les époux prussiens sont liés par trois articles du titre du mariage qui déterminent les droits et obligations de chacun d'eux : Art. 178 : « Les époux ne peuvent se refuser le devoir conjugal ». — Art. 179 : « Mais il ne saurait être exigé lorsqu'il peut devenir nuisible à la santé de l'un ou de l'autre époux ». — Art. 180 : « Les femmes qui nourrissent leurs enfants sont en droit de refuser le devoir conjugal ». La loi pourtant si prolixe en la matière a omis une indication indispensable, celle relative à l'administration judiciaire de la preuve. Entend-elle que le juge s'en rapporte à l'aveu ou au serment des parties ? Veut-elle qu'il fasse revivre quelque appareil imposant, tel que la procédure du congrès ?

6° L'impuissance absolue et incurable (696-97-98) survenue pendant le mariage; d'une façon générale, toute infirmité, toute maladie corporelle inspirant du dégoût, la démence de plus d'un an, sont encore des causes de divorce;

7° L'attentat à la vie, à la santé, à la liberté, à l'honneur;

les injures et les sévices; l'intolérance et même un caractère coléreux ou querelleur (697 à 703);

8° La condamnation à une peine criminelle ;

9° Une fausse dénonciation par un époux contre son conjoint (§ 704);

10° L'exercice d'une profession déshonorante ; une vie, des habitudes de débauche; l'ivrognerie, la prodigalité, la dissipation persistante peuvent amener le divorce mais non pas *de plano;* il faut tout d'abord qu'il soit pris des mesures tendant à l'amendement du coupable. Le divorce ne s'ensuit que si elles sont restées inefficaces (§ 709-710) ;

11° Le refus d'aliments ou le fait, par le mari, de s'être mis, par sa faute, dans l'impossibilité d'entretenir sa femme. Le divorce doit être précédé d'une invervention de justice fixant la pension minima due par le mari. Il résulte du refus du mari de payer cette pension (711-714);

12° Le changement de religion, lorsque la différence de culte constitue un empêchement à mariage (715);

13° Enfin le divorce par consentement mutuel est toujours permis à la condition qu'il n'y ait pas d'enfant du mariage. Ce divorce s'obtient très facilement, sa procédure n'étant pas encombrée de toutes les épreuves établies par notre loi française de 1804 (§ 716-718).

Tel est le Landrecht prussien.

B. *Landrecht saxon.* — Le code civil saxon ne permet pas, comme la loi prussienne, le divorce par consentement mutuel. Il pose en principe (art. 1710) que le divorce n'est possible que pour causes déterminées. Ce sont, sauf quelques différences que nous allons signaler, les mêmes qu'en Prusse (art. 1712 et suivants):

1° L'adultère de l'homme ou de la femme indifféremment. Les préludes d'adultère ne suffisent pas comme en Prusse pour fonder une action. Bien au contraire, le fait doit être relaté dans un jugement au criminel, sauf le cas où la poursuite criminelle est impossible, par exemple, lorsque le coupable passe à l'étranger. Peu importe que le jugement au criminel mentionne la preuve de l'adultère; peu importe que le défendeur soit condamné; ce que la loi exige, c'est le préliminaire de la poursuite devant un tribunal répressif. Le défendeur est admis à prouver l'adultère de son conjoint, au civil, alors que le tribunal criminel l'a acquitté. Cette action est irrecevable lorsque le demandeur a autorisé l'adultère, lorsqu'il s'est écoulé quinze ans depuis l'accomplissement du dernier fait ou un an après le jour où il a connu l'adultère; car il est présumé avoir pardonné tacitement. L'action est encore irrecevable au cas de pardon exprès; celui-ci, s'il est donné sous condition, est réputé pur et simple. La loi saxonne voit encore une fin de non-recevoir dans la compensation des torts.

2° A l'adultère sont assimilées les relations avec des personnes de même sexe ou des enfants de moins de douze ans, aussi la bigamie.

3° Le code civil saxon accorde encore le divorce pour refus d'accomplir le devoir conjugal, mais avec cette particularité que l'action s'éteint si le demandeur offre de l'accomplir avant le commencement de la procédure (1731-1732).

4° L'article 1734 signale comme autre cause, le fait de se rendre incapable de remplir ses devoirs conjugaux.

5° D'après l'article 1740, l'emprisonnement de trois ans pour délit ou, en cas de récidive, le total de trois ans en plusieurs condamnations.

6° L'aliénation mentale, à condition que le malade ait été interné pendant trois années et qu'à l'expiration de ce délai la folie ait été déclarée incurable par des médecins légistes.

7° L'état sanitaire de la femme régulièrement constaté contraire à la vie conjugale et tel que celle-ci puisse amener la mort.

A la différence de la Prusse, le code civil saxon n'admet pas le refus d'aliments, l'impuissance et le consentement mutuel ; mais il reconnaît toutes les autres causes. Comme le droit prussien, il les réglemente avec une grande abondance de détails ; comme lui il rend le divorce très facile.

C. *Landrecht bavarois.* — Le landrecht de Bavière, au contraire, prohiba le divorce d'une façon absolue, d'après le droit canon des catholiques d'Occident. Le mariage y était indissoluble lorsqu'il était consommé. Avant la consommation, il ne pouvait être rompu que par une permission spéciale du pape (code civil Maxim., 1re partie, C. 6, § 40 à 43). La séparation de corps n'était permise que pour deux causes qui sont devenues des causes de divorce après la loi d'Empire de 1875 : 1° l'adultère ; 2° l'état de deux personnes ne pouvant continuer la vie commune sans exposer l'une d'elles à un grave péril « en son corps ou en son âme ».

D. *Landrecht de Wurtemberg.* — Le landrecht wurtembergeois a admis parallèlement le divorce et la séparation de corps pour les protestants, la seule séparation de corps pour les catholiques. Les causes de divorce connues chez la plupart des petits Etats allemands étaient celles du droit commun : 1° l'adultère, à condition qu'il n'y eût pas réciprocité de torts ; 2° l'attentat à la vie d'un époux par son conjoint ; 3° la désertion malicieuse ; 4° les sévices et injures graves ; 5° la condamnation criminelle infamante.

E. *Alsace et Lorraine.* — *Hesse.* — *Grand duché de Bade.*
— Ces pays sont restés régis par notre code civil de 1804.
Dans la Hesse et dans le duché de Bade, une loi de 1871 a
ajouté comme cause de divorce l'aliénation mentale et la fuite
pendant trois ans.

Telles sont les dispositions du landrecht des principaux
Etats allemands avant la loi de 1875.

2° LÉGISLATION ALLEMANDE APRÈS 1875. — Ces diverses lois
disparates avaient soulevé beaucoup de difficultés. Le besoin
d'unification se faisait déjà depuis longtemps sentir. C'est ce
que voulut faire le législateur par la loi d'Empire du 6 février
1875. Celle-ci étant le résultat d'une longue lutte religieuse
supprima, dans un esprit de rétorsion, la séparation de corps
et établit le divorce dans toute l'Allemagne. Mais pour atteindre son but, elle eût dû établir une réglementation uniforme
exécutoire dans tout l'empire : c'est ce qu'elle ne fit pas. Ce
furent donc les causes de divorce antérieurement permises
par le landrecht, qui continuèrent d'être admises. Chaque
province eut en cette matière le même régime qu'avant la
loi, hormis la Bavière et les quelques Etats catholiques admettant l'indissolubilité, qui eurent désormais comme causes de
divorce les causes antérieures de la séparation de corps. Ce
sont donc presque partout les vieilles législations locales qui
restèrent en vigueur, après comme avant la loi. Et ce n'est
qu'à partir du 1er janvier 1900 que l'empire d'Allemagne tout
entier obéit à une loi unique, établissant un régime nouveau,
le code civil voté en 1896.

3° CODE CIVIL. — Le chapitre du code consacré au divorce
(§§ 1440 s.) a été l'objet de sérieuses discussions et a subi
plusieurs changements successifs, tout spécialement en matière de causes de divorce.

Nous savons, par les travaux préparatoires, que le projet du code civil contenait en 1888 un chapitre intitulé : « *Divorce et séparation de corps* » qui divisait les causes de divorce en causes absolues comprenant : l'adultère et faits assimilés, l'attentat à la vie, la désertion malicieuse d'un an et en causes relatives : c'étaient les sévices, les injures, le refus du devoir conjugal. Le projet les appelait relatives parce que dans la plupart des cas elles pouvaient seulement amener une séparation de corps. Elles devaient être revêtues d'un caractère d'extrême gravité pour motiver *de plano* et dans tous les cas (ce que pouvaient les causes absolues), une action en divorce. Le juge prononçait donc une séparation provisoire de deux ans au maximum. Elle devait, ce temps écoulé, être convertie en divorce sur la simple demande d'un époux s'il n'y avait pas eu de pardon. Le projet primitif n'admettait donc pas la séparation de corps perpétuelle. Il ne la considérait que comme un stage préparatoire au divorce. Il n'admettait pas non plus le divorce pour incompatibilité d'humeur ou par consentement mutuel, pour maladie corporelle ou pour changement de religion.

Une seconde rédaction du projet, publiée en 1894, réglementait le divorce comme le projet primitif, dans un chapitre intitulé *Du Divorce*. Elle faisait disparaître la séparation de corps. Le juge avait néanmoins le droit de surseoir au prononcé du jugement et d'établir, par là même, un délai d'épreuve.

Le texte définitif du code voté en 1896, intitula comme la seconde rédaction du projet, son chapitre *Du divorce* au lieu de *Du divorce et de la séparation de corps,* mais il rétablit la chose s'il ne rétablit pas le mot et il permet au demandeur de réclamer « la suppression de la vie commune » au lieu du divorce. La séparation ne peut toutefois être prononcée que si les deux époux sont d'accord à la demander. Si le défendeur l'exige, le juge doit convertir en divorce la demande intro- duite qui ne tendrait qu'à la séparation de corps. Enfin, la séparation prononcée est toujours convertissable en divorce sur la demande de chacun des époux.

D'après le code civil allemand, les causes de divorce ou de séparation de corps sont au nombre de cinq :

1° L'adultère et les crimes assimilables : la bigamie et le sodomisme, sauf le cas de consentement ou de participation du demandeur, qui créent une fin de non recevoir;

2° L'attentat à la vie ;

3° L'abandon malicieux pendant un an à partir d'une som- mation de réintégrer ;

4° Une série de faits énumérés non limitativement et cons- titués par un manquement grave aux devoirs conjugaux : injures, coups, sévices, de simples menaces, une conduite légère; tous ces faits s'apprécient eu égard aux caractères, aux habitudes, au milieu social des époux et doivent avoir une gravité suffisante pour rendre insupportable le lien du mariage à l'époux innocent;

5° Enfin une cause physique, vieux reste du landrecht prussien : l'aliénation mentale ayant duré trois ans et carac- térisée au point d'exclure tout commerce intellectuel entre époux et aussi tout espoir de guérison. La quatrième et la cin- quième causes sont des causes relatives, à la différence des trois premières qui entraînent le divorce *de plano*, sans aucun pouvoir d'appréciation donné au juge.

Tel est le dernier état de la législation allemande bien éloignée de ce qu'elle était au commencement du siècle, prise en sa forme la plus franche et la plus nette : le landrecht prussien. La loi allemande de 1896 est foncièrement différente du vieux droit territorial, parce qu'elle est le terme dernier d'une évolution de l'idée du mariage très nettement indiquée par le changement de régime des causes de divorce aux deux époques. Le landrecht prussien, qui est le type le plus national de toutes les lois germaniques, est, en matière de causes de divorce, une législation très dure, très utilitaire, qui a fait de la procréation la fin unique du mariage. Peu importait au législateur de sacrifier à cette idée les devoirs de secours et d'assistance. C'est bien par le jeu du même principe que ce législateur a admis la théorie des monstres et a donné une large place aux infirmités physiques parmi les causes du divorce. Il s'est, en ces deux matières, également inspiré de l'idée antique des Spartiates, qui tuaient les enfants mal conformés afin de les empêcher de perpétuer leurs difformités. Les idées de civilisation s'étant développées depuis ce temps, dans le sens d'une pitié générale des êtres malingres et souffreteux, le droit prussien n'a pas osé sacrifier l'enfant mal né, qualifié monstre, mais il lui a refusé la personnalité civile. Il a aussi, par avance, essayé de l'empêcher de naître en multipliant les causes physiques de divorce. Par elles, il a sacrifié préventivement l'homme ou la femme légitimement marié qui a le malheur d'être frappé d'une infirmité dégoûtante, héréditaire peut-être et qui devient inutile, dangereux même, parce qu'il ne reproduit pas ou perpétue un organisme défectueux. Le vieux droit prussien favorise ainsi la rupture d'un tel mariage au lieu de le resserrer en développant les devoirs d'aide et de secours comme le veut la théorie française, moins pratique peut-être, à coup sûr plus généreuse. C'est de cette théorie que s'est rapproché, en évoluant, le droit allemand. C'est ainsi que le code civil de 1896, abandonnant les vieilles traditions nationales, s'est, en la matière, inspiré de notre droit. Il n'admet comme lui ni l'impuissance, ni le consentement mutuel, ni l'incompatibilité d'humeur, ni aucune des très nombreuses causes physiques caractéristiques du vieux droit prussien. Reste la folie comme épave des lois antérieures, épave malheureuse que le législateur français a rejetée à juste raison. Les autres causes de divorce sont les mêmes qu'en France. Le juge allemand a, lui aussi, un large pouvoir d'appréciation et il peut faire entrer, en pratique, dans le chef d'injures graves toutes les causes relatives non déterminées. En somme, une loi très voisine de la nôtre considérant avec elle le mariage indissoluble comme le type idéal; admettant le divorce comme un mal nécessaire, préférable à tous égards au célibat forcé de la séparation de corps.

11. **Pays-Bas**. — C'est la même idée qui domine dans la réglementation du divorce d'après le Code civil hollandais. Le mariage est dissoluble par : 1° l'absence d'un des époux pendant dix ans et le remariage du conjoint; 2° par le délai de cinq ans écoulé après une séparation de corps non suivie de réconciliation; 3° par le divorce légalement prononcé (art. 254, 255). Les causes de divorce, les mêmes que celles de séparation de corps : 1° l'adultère; 2° le délaissement malicieux; 3° la condamnation à quatre ans de prison ; 4° les mauvais traitements ou les sévices graves ayant occasionné des blessures qui mettent la vie en péril. Le divorce par consentement mutuel ou par la volonté persistante d'un époux est prohibé comme en France et comme en Allemagne.

III. **Grand duché de Luxembourg**. — Le divorce, comme
le mariage, est soumis dans ce pays au régime de notre code
civil avant la loi de 1816, le même par conséquent qu'en Belgique.

IV. **Suisse**. — Il y a encore une certaine ressemblance entre
le droit des pays allemands et la loi du 24 décembre 1874
exécutoire dans tout le territoire de la confédération suisse, qui
abroge les lois cantonales. Bien que les deux cinquièmes de
la population soient catholiques, la séparation de corps n'est,
comme dans le projet du code civil allemand, qu'un prélude
au divorce. Les causes absolues sont : 1° l'adultère; 2° une
condamnation infamante ; 3° une désertion malicieuse qui dure
depuis deux ans, après une sommation judiciaire fixant à l'époux
déserteur un délai de six mois pour réintégrer le domicile conjugal ; 4° l'aliénation mentale ayant duré trois ans et ayant été
déclarée incurable ; 5° l'attentat à la vie et les sévices graves.
A ces causes limitativement énumérées dans l'art. 45, l'art. 46
ajoute comme cause facultative pour le juge : « Des circonstances telles que le lien conjugal soit profondément atteint ».
Le tribunal saisi devra, en ce cas, prononcer une séparation
de deux ans au maximum qui sera convertissable en divorce sur
la demande d'un époux, mais, au gré du tribunal, si le délai
d'épreuve n'a pas amené de réconciliation. On retrouve ainsi
toutes les causes de divorce du droit allemand.

V. **Danemark**. — C'est le code de Christian V de 1684
qui régit encore aujourd'hui les causes de divorce (liv. III,
ch. XVI, art. 15). Bien que le mariage soit un acte religieux,
dont la forme est fixée par le Rituel de l'Église évangélique
luthérienne de 1685, c'est la loi civile qui en règle les effets,
les nullités et les causes de dissolution.

Le droit danois admet tout d'abord le divorce par consentement mutuel, mais après une séparation de trois ans. Lorsque la vie commune est insupportable, les époux obtiennent la permission de vivre séparés, et, trois ans après, ils peuvent invoquer cette séparation comme cause du divorce.

Le droit danois admet en même temps une série de causes déterminées :

1° L'adultère, à moins que l'époux demandeur ne s'en soit rendu coupable lui aussi, auquel cas il y a compensation des torts. Toutefois, celle-ci n'est pas admise lorsqu'un des époux revient à la vie régulière et que l'autre continue à avoir des relations illicites. La loi voit encore une excuse à l'adultère et refuse l'action en divorce lorsque l'époux plaignant a tyrannisé son conjoint, lui a fait subir des traitements révoltants et l'a ainsi déterminé à chercher des consolations en dehors de son foyer ; lorsque le mari surprend sa femme en flagrant délit et n'a pas immédiatement cessé tout commerce avec elle ; lorsqu'enfin l'adultère a été commis par violence car, dit le code, « on ne punit pas celui qui souffre une injustice, mais celui qui la fait ». Le divorce obtenu pour cause d'adultère produit des effets tout spéciaux. Le conjoint innocent peut se remarier aussitôt après le jugement, mais la femme adultère ne le peut qu'après trois ans d'une vie déclarée exemplaire et chrétienne par de nombreux certificats ; il lui faut, en outre, la permission du roi. Enfin elle ne peut contracter son second mariage, ni avoir son second domicile dans la ville, le district ou la paroisse de son premier mari ;

2° Une seconde cause de divorce est la désertion malicieuse. En ce cas, l'action n'est recevable qu'après trois ans d'abandon et après que l'époux innocent aura obtenu de la triple juridiction du tribunal inférieur, du tribunal d'appel et du consistorium, un certificat signé encore par son curé et par les habitants de sa paroisse. Celui-ci doit attester la bonne conduite du demandeur depuis le départ de son conjoint et affirmer qu'il n'a nullement provoqué ce départ. Lorsque le mari déserteur, qui a été cru mort, revient et trouve sa femme remariée, il peut la reprendre s'il a eu la précaution préalable de se munir d'un certificat attestant sa vie régulière pendant sa longue absence. Si le départ de l'époux déserteur est justifié par une raison de commerce ou de service militaire, la délaissée doit attendre sept ans. Si le mari soldat est fait prisonnier, sa femme doit l'attendre indéfiniment ;

3° Une autre cause est une condamnation à une peine perpétuelle ;

4° L'impuissance, lorsqu'elle est antérieure au mariage. Si elle est postérieure, la loi danoise la considère comme un « désagrément ». Le divorce ne peut être obtenu que si elle a duré trois ans, a été déclarée inguérissable et était « manifeste » lors de la célébration du mariage. Il s'agit là d'une cause de nullité que le code Christian V a transformé par erreur en cause de divorce.

Comme les autres pays scandinaves, le Danemark a conservé ses anciennes mœurs et ses anciennes traditions. Malgré une foule de lois qui ont amélioré sa situation, la femme est restée relativement maltraitée en souvenir du vieux droit danois qui lui faisait une situation très précaire. Il la laissait en tutelle toute sa vie, assimilait son mariage à une véritable vente consentie par les parents de la femme moyennant un prix que celle-ci touchait à son entrée dans le lit nuptial. La réglementation actuelle des deux causes de divorce : l'adul-

tère et la désertion malicieuse est encore aujourd'hui défavo-
rable à la femme. Celle-ci doit apporter quelques certificats
de plus et attendre pour se remarier pendant de plus longs
délais. L'admission de l'impuissance comme cause de divorce
est, elle aussi, une épave du moyen-âge que la plupart des
nations civilisées ont rejetée aujourd'hui.

VI. **Suède.** — Encore plus, peut-être, qu'en Danemark, les
vieilles coutumes ont laissé des traces apparentes dans le
droit actuel suédois. En dépit de la civilisation, le mariage
garde, là aussi, quelque chose de son caractère primitif de
vente opérée non pas au gré de la jeune fille, mais au gré
des parents. Le code de 1734 assimilait le droit de marier
une fille au droit d'aliéner un bien de son patrimoine. La
fille n'avait point besoin de consentir expressément, il suffisait qu'elle ne protestât pas. Ce même code donne aux fiançailles une importance presque égale au mariage : il en fixe
les conditions de validité, les causes de rupture qui devront,
tout comme les causes de divorce, être prononcées en justice. A défaut d'une décision du tribunal, le fiancé infidèle
ne peut se marier sans qu'une transaction intervienne entre
son nouveau fiancé et le fiancé abandonné. C'est dans cet
esprit que le code de 1734 réglemente les causes du divorce.
Celles-ci sont déduites très logiquement d'ailleurs de la conception du mariage ainsi caractérisée. Et le droit ancien
reparaît dans certaines causes particulières à la législation
suédoises : 1° celle-ci, en effet, rompt le mariage lorsque,
depuis les fiançailles et avant la célébration, le jeune homme
ou la jeune fille a eu, avec d'autres personnes que son fiancé,
un commerce charnel seulement connu de celui-ci après le
mariage ; 2° lorsque le mari s'aperçoit que sa femme avait

eu un amant avant d'être sa fiancée. Il y a, ce semble, en ces deux causes, une application pure et simple de la théorie des vices du consentement en matière de vente : une annulation du contrat vicié par une erreur portant sur une qualité essentielle de la chose livrée. Il y a, en outre, la preuve du rôle très important des fiançailles; 3° le divorce est encore permis pour maladie contagieuse ou pour impuissance; 4° pour abandon volontaire de son conjoint après une sommation de revenir dans an et jour et après l'expiration de ce délai; 5° pour adultère, sauf le cas de compensation des torts; l'action doit être intentée dans les six mois après la découverte du fait et elle n'est recevable que si l'époux innocent n'a pas couché avec son conjoint pendant ces six mois, auquel cas il serait présumé avoir pardonné; 6° l'absence d'un conjoint pendant six ans, sans aucune nouvelle, autorise l'époux délaissé à se remarier. Si l'absent reparaît ensuite et justifie son éloignement, il a le choix entre contracter un nouveau mariage ou reprendre son conjoint. Une loi du 21 avril 1810 a ajouté de nouvelles causes de divorce; 7° une condamnation à la réclusion ou au bannissement à perpétuité; 8° l'attentat à la vie du conjoint; 9° la démence incurable ayant duré trois ans et à condition que le conjoint ne l'ait pas provoquée même indirectement par ses intimidations ou ses brutalités; 10° une conduite déshonorante; 11° une condamnation infamante; 12° l'incompatibilité d'humeur.

VII. **Norvège.** — Le code de 1687 (3, 18, 15, § 1 et s.) règle les causes de divorce qui sont à peu près celles de la Suède. Il y a une différence entre les deux législations relativement au consentement mutuel qui ne dissout le mariage, en Norvège, qu'après une séparation de trois ans et qu'avec une permission spéciale du roi.

Très semblables entre elles sont les législations des pays scandinaves, et très voisines elles sont du Landrecht des pays germaniques. C'est la même idée qui les a inspirées; la même répugnance du célibat ou d'une cohabitation théorique avec une femme inutile ou dangereuse pour la reproduction; le même sacrifice des devoirs d'assistance et de secours pendant l'union conjugale; le code de Christian, le code suédois de 1734 et le code norvégien de 1687, bien qu'ils aient été considérés pendant longtemps comme des chefs-d'œuvre de justice, reflètent, à coup sûr, un état social différent du nôtre. Ce sont des législations vieillies qui devraient être refondues comme l'a été le Landrecht des pays allemands.

VIII. **Angleterre.** — Très différente de la théorie des peuples germaniques est celle du droit anglais en matière de causes de divorce. Les Anglais ont, pratiquement au moins, toujours admis le divorce, mais dans une mesure extrêmement étroite. Ils se sont fait du mariage une idée antithétique de celle des Allemands et des races scandinaves. Dès le début de notre siècle, l'opinion publique s'éleva contre cette réglementation du divorce qui en faisait, nous l'avons vu, un privilège de la classe riche. De ce mouvement d'opinion sortit un bill le « *Divorce act* » (¹), dont l'objet fut de simplifier la procédure et de régler les causes. Cette loi votée le 21 août 1857 fit entrer le divorce dans la législation de l'Angleterre, laissant l'Ecosse et l'Irlande soumises à un régime à part. Elle créa un tribunal spécialement chargé de juger les causes matrimoniales, qui en 1873 fut réuni à la cour suprême. Elle ne permit le divorce que pour une cause unique : l'adultère. Elle

(¹) St. 20 et 21, Vid. c. 85.

rejeta les sévices, aussi graves fussent-ils, que la jurisprudence antérieure reconnaissait quelquefois comme suffisants
pour motiver la rupture d'un mariage. Encore l'adultère
simple du mari n'est pas une cause de divorce. Il doit être
aggravé de certaines circonstances qui le rendent particulièrement odieux. La bigamie, l'inceste, le rapt, les crimes contre nature ou un raffinement de cruauté exercé contre la
femme et se manifestant par des coups, des sévices, des injures
répétées, par le refus des choses nécessaires à la vie.

La loi anglaise de 1857 a rejeté le principe de l'égalité des
sexes et n'a pas admis la même sanction civile du divorce à
l'adultère du mari comme à celui de la femme. La raison sim-
pliste et peu élogieuse des mœurs anglaises, est qu'il serait
trop facile de divorcer, le mari n'ayant qu'à prendre une
maîtresse. La loi anglaise refuse le divorce, pour toutes les
causes autres que l'adultère, admises par la plupart des nations. Elle est, et de beaucoup, la plus restrictive. En dépit
de ses affinités ethniques avec les Germains, des anciennes
coutumes bretonnes si favorables au divorce, elle a presque
obéi au principe canonique de l'indissolubilité. Elle a voulu,
avant tout, assurer la stabilité du mariage et inculquer aux
époux cette idée qu'ils devaient rester unis à tout prix. Le
prix, M. Taine nous le fait connaître dans ses « Notes sur l'Angleterre » ([1]), où il nous signale « la tyrannie et la brutalité du
mari comme un vice caractéristique du ménage anglais ».

Ecosse. — L'Ecosse reste soumise à l'organisation primitive
du mariage avant 1857. Il est un contrat qui se forme *solo
consensu,* sans intervention des autorités ou des parents. Nous

---

([1]) *Notes sur l'Angleterre,* I, p. 232.

avons déjà indiqué que le divorce paraît inutile avec un tel mariage. Cependant le droit écossais l'admet pour deux causes : 1° l'adultère, à moins qu'il n'y ait pardon de l'époux innocent ou excitation par lui de son conjoint à la débauche ; 2° la désertion malicieuse ayant duré quatre ans, sans raison légitime ([1]).

IRLANDE. — Elle n'a pas de législation uniforme. Elle connaît plusieurs espèces de mariages : mariage devant l'Eglise anglicane soumis aux règles de l'Angleterre ; mariage entre catholiques romains régis par leur droit ; mariage irrégulier à la mode d'Ecosse ([2]).

IX. **États-Unis.** — C'est l'ancienne règle du mariage anglais, encore usitée en Écosse, qui est suivie aux États-Unis. Il suffit de se vouloir époux pour être marié et tous les moyens sont admis pour prouver le mariage. Les jurisconsultes américains attribuent à ce régime la vertu d'une panacée au concubinage. Son effet le plus certain est de rendre la preuve souvent impossible, toujours très difficile ; de laisser une porte largement ouverte à la bigamie, enfin de permettre le divorce pratiquement, sans l'intervention d'aucune autorité. En théorie, chaque état de la confédération américaine garde sa législation propre. Toutes sont d'accord cependant à admettre un certain nombre de causes de divorce qui peuvent être considérées comme de droit commun. La principale est l'adultère et avec lui sont généralement admis la réclusion perpétuelle, une condamnation infamante, les crimes contre nature, les excès et les cruautés. Comme particulières à telle ou telle partie du territoire on peut, en outre, signaler les

([1]) St. I, Guill., IV, c. 69 ; st., 24 et 25, Dict., c. 86.
([2]) Glasson, ouvrage précité, p. 315.

règles suivantes : 1° en *Connecticut,* le mariage est rompu pour le fait, d'un conjoint, d'avoir contracté frauduleusement; d'avoir accompli un acte quelconque susceptible de porter atteinte au bonheur du conjoint; de s'être rendu passible d'emprisonnement pour manquement aux devoirs conjugaux; 2° en *Géorgie* (constitution du 5 décembre 1877), le divorce « complet » ne peut être obtenu qu'en vertu de verdicts conformes de deux jurys qui ne doivent pas être rendus dans la même session de la cour. En plus des causes de droit commun, cet Etat admet l'impuissance à l'époque du mariage; la grossesse de la femme non connue du mari; le mariage obtenu par violence ou dol; le mariage entre parents à un degré prohibé; autant de causes de nullité travesties en causes de divorce; 3° en *Massachussets,* l'ivrognerie habituelle provenant de l'usage de l'opium ou d'autres substances, s'ajoute à la liste des causes de droit commun; 4° en *Missouri* et en *Maine,* les tribunaux ont un pouvoir absolu. Ils peuvent dissoudre un mariage sans invoquer telle cause déterminée; 5° en *Virginie* et en *Alabama,* le divorce ne peut résulter que d'un acte législatif; même règle dans la *Caroline du Sud* (¹) : la vieille loi anglaise est restée en vigueur.

Tel est le droit des États-Unis en général, assez large en matière des causes de divorce, ayant repoussé la théorie anglaise parce que le peuple américain, éminemment pratique, a senti que sa conception du mariage s'opposait à l'admission d'un divorce restreint. En effet, le besoin de dissoudre légalement une union intolérable est plus impérieux aux États-Unis que partout ailleurs, pour éviter des situations illégales.

(¹) Lebr, ouvrage cité, p. 204.

Les époux malheureux à qui la loi refuserait un divorce motivé n'auraient-ils pas un remède bien facile? Contracter clandestinement un nouveau mariage, d'accord à ne pas en demander la nullité pour bigamie, à supposer que la preuve du premier mariage fût possible. Ils auraient ainsi recouvré leur liberté et échappé à toutes les déchéances qu'une loi sage édicte contre un époux coupable qui divorce. Les Américains ont donc sagement légiféré en permettant le divorce pour certaines causes qui le rendent assez facile.

CHAPITRE II

PAYS HORS CHRÉTIENTÉ

I. **Pays musulmans.** — En dehors du monde chrétien, tous les peuples ont toujours admis le divorce. Les Mahométans l'ont vu, dès l'époque du Prophète, sans une grande aversion. Ils sont, comme tous les peuples Orientaux, des peuples éminemment conservateurs qui n'évoluent guère et qui restent toujours fidèles à leurs coutumes anciennes. Aussi est-ce le Koran qui réglemente encore leur droit matrimonial et les causes de divorce d'aujourd'hui sont sensiblement celles d'autrefois. Le divorce est donc toujours permis sous trois formes : par autorité de justice, par consentement mutuel et par répudiation. Les femmes, comme nous l'avons vu, ne peuvent user que des deux premiers modes. Le troisième reste encore le privilège des maris, et, comme au temps de Mahomet, ceux-ci peuvent répudier leurs épouses sans indiquer de motifs. Judiciairement, le divorce est accordé pour les causes du Koran, qui, on le sait, réglemente toutes les questions matrimoniales. Tel est le droit des musulmans de Turquie et, d'une façon générale, de tout le nord de l'Afrique (¹).

II. **Inde.** — L'Inde, d'où est peut-être partie la civilisation et qui avait, à une époque indéterminée, mais voisine du

(¹) Lehr, ouvrage précité, p. 321.

xiii° siècle avant notre ère, un code de lois est, malgré son grand âge, restée immuable elle aussi dans ses coutumes et dans ses traditions. C'est ce que nous révèlent « les lois des Gentoux » rédigées à la fin du siècle dernier par un fonctionnaire anglais, Warren Hastings, qui parvint à arracher aux Brahmes le secret des lois de leur pays tenues jusqu'alors obstinément cachées. Malgré l'autorité de la Compagnie anglaise des Indes, celle-ci ne put, en effet, pendant bien longtemps fixer aucun point de législation. Warren Hastings, plus heureux que ses prédécesseurs, réussit à réunir en un corps de lois les traditions partout uniformes des confins du Thibet aux limites opposées du Bengale. Il rassembla, pour cette œuvre, les jurisconsultes les plus habiles de ces pays, qui voulurent enfin lui dire les règles coutumières suivies depuis des siècles par les Brahmes. Ces « lois de Gentoux » sont les lois d'un peuple qui semble avoir initié tous les autres et qui depuis n'a changé ni de mœurs, ni de préjugés.

Il existe toujours, comme au temps de l'antique législateur Manou, huit espèces de mariages, hiérarchie s'élevant de « paichatcha », mariage de huitième espèce, sorte de concubinage, réprouvé par tous, mais légitimant les enfants, au « brama », mariage par excellence, réservé aux seuls Brahmanes. La situation sociale de la femme, loin de s'être améliorée depuis Manou, semble plutôt plus mauvaise dans les lois du xviii° siècle. Plus encore qu'aux temps primitifs, le législateur de notre époque voit la femme avec défaveur, la considère comme un être dangereux dont il faut se défier et qui doit être confiné dans son seul rôle utile, la reproduction. « L'Etre suprême, disent les lois de Gentoux, a créé la femme pour que l'homme puisse habiter avec elle et qu'il naisse des enfants de cette union » (¹). Un peu plus loin, ces mêmes lois de Gentoux déclarent que : « Six choses caracté- risent les femmes : 1° une passion désordonnée pour les bijoux, les ajustements brillants, les habits magnifiques et les nour- ritures délicates ; 2° une concupiscence immodérée ; 3° une violente colère ; 4° un ressentiment profond ; personne ne connaît les sentiments cachés dans leur cœur ; 5° le bien que fait un autre paraît un mal à leurs yeux ; 6° elles commettent des actions désordonnées...

» Une femme n'est jamais satisfaite des approches d'un homme, ainsi que le feu n'est jamais satisfait du bois qu'on lui donne à dévorer ; ou le grand océan des fleuves qu'il re- çoit dans son sein ; ou l'empire de la mort des hommes et des animaux qui s'y précipitent à chaque instant ; il ne faut donc jamais compter sur la chasteté des femmes » (²).

Les causes de divorce ne sont pas plus humanisées que la conception du mariage ou du rôle social de la femme ; elles en sont d'ailleurs le contre-coup immédiat. Le même chapitre XX des lois de Gentoux spécialement consacré aux choses matrimoniales, nous donne une énumération de ces causes qui nous montre le droit ancien de répudiation réservé aux seuls maris. Il dispose en effet : « Une femme qui dissipe ou gâte sa propriété ou qui se procure un avortement ou qui a l'intention d'assassiner son mari ou qui se querelle continuel- lement avec tout le monde ou qui mange avant son mari, sera chassée de la maison ».

« Un mari sera le maître de cesser quand il voudra de

(¹) Lois des Gentoux, ch. XX, De ce qui concerne les femmes. Paris, Stoupe, p. 284.
(²) Lois des Gentoux, ch. XX, p. 284.

connaître la femme qui est stérile ou qui engendre toujours des filles ».

« Si une femme, après ses infirmités menstruelles, imaginant que son mari est faible, vil et méprisable, ne s'approche pas de lui, le mari informant de ce délit le peuple, la chassera de sa maison ».

« On tâchera d'adoucir par de bons conseils, pendant l'espace d'un an la femme qui maltraite toujours son mari ; si des conseils prolongés une année ne la corrigent pas et qu'elle ne cesse point de maltraiter son mari, l'époux n'aura plus de communication avec elle ; il ne la gardera plus près de lui, mais il lui fournira la nourriture et les vêtements » (¹). Ce sont toutes causes en faveur du mari, dont la liste est fort ressemblante à celle des lois de Manou. Et cette répudiation est le seul mode de divorce permis. L'Inde n'a jamais connu ni le consentement mutuel ni le divorce pour causes déterminées, au profit de la femme. Elle est, en ce point, ce qu'elle était il y a trente siècles.

III. **Chine et Japon.** — 1° CHINE. — Le mariage des Chinois est toujours soumis à des règles traditionnelles, les Chinois n'ayant pas de code civil. Tcheng-ki-Tong nous apprend, dans son livre *Les Chinois peints par eux-mêmes* (²) que, le divorce est toujours permis, quelquefois facultatif, quelquefois nécessaire. Il doit être exigé par le mari de la femme adultère ou ayant commis un délit grave. Il existe une sanction sévère contre le mari outragé qui s'abstiendrait de divorcer. Dans certains cas, la répudiation est facultative pour le mari : lorsque sa femme est impudique, stérile, mal por-

(¹) Lois des Gentoux, ch. XX, p. 285.
(²) Paris, 1886.

tante habituellement ; lorsqu'elle manque de respect aux ascendants du mari. Le divorce est encore possible par consentement mutuel. La loi chinoise voit un empêchement au divorce, hormis le cas d'adultère et de délit grave, dans ce fait que la femme a porté pendant trois ans le deuil du père ou de la mère de son mari ou qu'elle n'a plus de parents pour la recueillir.

2° Japon. — Le nouveau code japonais, promulgué en 1898, conserve au mariage son ancien caractère de contrat familial et consensuel. L'art. 813 admet le divorce par consentement mutuel et pour causes déterminées. Ce sont : la bigamie ; l'adultère de la femme ; la condamnation du mari pour attentat aux mœurs ou un acte déshonorant; l'abandon malicieux ; les sévices ou injures graves commis par l'un des époux sur l'autre et rendant la vie commune insupportable ; les sévices et injures graves commis par un époux envers les ascendants de l'autre ou par les ascendants d'un époux vis-à-vis de l'autre époux ; l'absence de trois ans sans nouvelles.

En somme, toutes ces législations asiatiques sont très favorables au divorce. Très conservatrices en même temps de leur passé, elles font comme les civilisations primitives une meilleure situation juridique au mari qu'à la femme abaissée à un rang inférieur comme dans tout l'Orient. Elles sont, enfin, très fidèles à l'ancienne constitution de la famille, groupe très cohérent comme à l'époque patriarchale. On voit ainsi la Chine et le Japon admettre, comme cas de divorce, une injure d'un conjoint à l'ascendant de l'autre. C'est là une disposition qui ne serait pas en désaccord avec les principes du droit romain primitif ou d'une façon générale avec les principes du droit d'un peuple jeune.

CONCLUSION

———

Quelles devraient être les causes de divorce ? Tel est le problème juridique qu'il nous reste à étudier. Sa solution nous sera donnée par la synthèse des diverses législations et devra nécessairement être une conséquence immédiate de la conception du mariage chez le peuple que l'on envisage. C'est dire tout d'abord que la question n'est pas susceptible d'une réponse unique, puisque celle-ci doit être conforme au génie et aux mœurs de chaque nation. Cette idée fut déjà mise en lumière par Montesquieu dans le passage suivant : « La loi, en général, est la raison humaine en tant qu'elle gouverne tous les peuples de la terre et les lois politiques et civiles de chaque nation ne doivent être que des cas particuliers où s'applique cette raison humaine. Elles doivent être tellement propres au peuple pour lequel elles sont faites, que c'est un grand hasard si celles d'une nation peuvent convenir à une autre. Il faut qu'elles se rapportent à la nature et au principe du gouvernement qui est établi ou qu'on veut établir, soit qu'elles le forment comme les lois politiques, soit qu'elles le maintiennent comme font les lois civiles. Elles doivent être relatives au physique du pays, au climat glacé, brûlant ou tempéré ; à la qualité du terrain, à la situation, à la grandeur ; au genre de vie des peuples, laboureurs, chasseurs, ou pasteurs. Elles doivent se rapporter au degré de liberté que la constitution peut souffrir, à la religion des habitants, à leurs inclinations, leurs richesses, à leur nombre, à leur commerce, à leurs mœurs, à leurs manières. Enfin, elles ont des rapports entre elles ; elles en ont avec leur origine, avec l'objet du législateur, avec l'ordre des choses sur lesquelles elles sont établies. C'est dans toutes ces vues qu'il faut les considérer » (¹). Montesquieu appliquait sa théorie générale au mariage et au divorce. Il en déduisait que « pour les peuples errant et se dispersant dans les pâturages et les forêts, le mariage ne devait pas être aussi assuré que pour nous où il est fixé par la demeure et où la femme tient à une maison ; ils peuvent donc plus aisément changer de femme, en avoir plusieurs et quelquefois se mêler indifféremment comme les bêtes. Les peuples pasteurs ne peuvent se séparer de leurs troupeaux qui font leur subsistance : ils ne sauraient non plus se séparer de leurs femmes qui en ont soin. Tout cela doit donc marcher ensemble, d'autant plus que vivant ordinairement dans les grandes plaines où il y a peu de lieux forts d'assiette, leurs femmes, leurs enfants et leurs troupeaux deviendront la proie de leurs ennemis » (²).

Comme l'a dit Montesquieu, il doit donc exister pour chaque peuple un rapport nécessaire entre son caractère général et son droit. Il doit aussi exister et être bien plus perceptible entre les différentes parties de sa législation, en particulier entre le mariage et les causes de divorce. Aussi est-ce dans l'idée même du mariage que nous allons chercher les éléments de détermination de ces causes. Plus nombreuses chez les peuples orientaux où les désirs sexuels sont très impé-

---

(¹) *Esprit des Lois,* chap. III, liv. I.

(²) *Esprit des Lois,* liv. XVIII, ch. XIII.

rieux ; plus faciles pour l'un que pour l'autre sexe, chez ceux qui font à la femme une condition et un rôle social encore inférieurs à ceux de l'homme ; elles devront logiquement être restreintes chez les Etats de l'Europe accoutumés depuis des siècles à la monogamie et à un idéal d'indissolubilité. A la plupart de ceux-ci, ayant à peu près « mêmes mœurs, mêmes manières », qu'ils soient de race latine, germanique, grecque ou slave, il convient sensiblement la même conception de mariage, partant le même régime de causes de divorce.

Au cours des travaux préparatoires de notre code civil, M. Portalis a donné du mariage la définition suivante : « Le mariage est la société de l'homme et de la femme qui s'unissent pour perpétuer leur espèce, pour s'aider par des secours mutuels à porter le poids de la vie et pour partager leur commune destinée ». M. Demolombe, dans son traité du mariage (¹), a déclaré que « on ne saurait exprimer en termes plus nobles et plus vrais le double but du mariage ». La définition de MM. Aubry et Rau dit en d'autres expressions : « Le mariage, d'après le droit philosophique, est la société perpétuelle que contractent deux personnes de sexe différent, dans le but d'imprimer un caractère de moralité à leur union sexuelle et aux rapports naturels qui doivent en naître » (²). M. Baudry-Lacantinerie donne une définition encore plus nette qui renferme dans moins de mots les mêmes idées essentielles : « Le mariage, est l'union de deux personnes de sexe différent, contracté en vue de fonder une famille nouvelle et de se prêter mutuellement secours et assistance » (³). De ces défini-

(¹) *Traité du mariage*, I, n. 1.
(²) *Droit civil français*, V, p. 5, § 450.
(³) *Droit civil français*, I, p. 239.

tions, il ressort : 1° que le mariage est un contrat ; 2° qu'il a un double but : perpétuer l'espèce et fonder une société d'aide et de protection mutuelles ; 3° qu'il est un contrat spécial, autant que possible perpétuel. Ce troisième caractère se déduit nécessairement de sa double fin, qui ne peut être atteinte dans une union à terme : l'éducation des enfants et les devoirs réciproques de secours, obligeant presque toujours les époux à rester ensemble toute leur vie. Mais ce caractère de perpétuité n'est pas incompatible le moins du monde avec la dissolution du mariage. Il est compris comme la règle générale ; les causes de divorce comme l'exception, qui, loin d'infirmer la règle, la consacre. « Le mariage est indissoluble, a dit fort justement le premier Consul, en ce sens qu'au moment où il est contracté, chacun des époux doit être dans la ferme intention de ne jamais le rompre et de ne pas prévoir les causes accidentelles, quelquefois coupables, qui, par la suite, pourront nécessiter sa dissolution ». Et c'est ainsi que la plupart des législations n'admettant pas l'indissolubilité absolue (et en particulier celle qui est restée un modèle après avoir inspiré presque toutes les autres, parce qu'elle fut pétrie de logique, le droit romain), ont fait figurer ce caractère de perpétuité dans leurs définitions du mariage. L'indissolubilité a été ainsi considérée comme un idéal auquel doit tendre le mariage, parce qu'elle est utile à la stabilité de la famille. Mais de même qu'il n'est pas soutenable, sous prétexte d'union perpétuelle, d'empêcher un veuf de contracter un second mariage, lorsque le premier est dissous par un événement étranger à sa volonté, la mort ; il n'est ni pratique, ni équitable de prohiber la dissolution de droit d'une union qui n'existe plus en fait, qui est une simple apparence, une fiction contraire à la réalité et qui ne peut plus en rien incarner l'idée de « cette association de deux êtres, pour s'aider et se secourir l'un à l'autre ». Il est donc des situations où les causes de divorce sont le seul remède possible. Elles apparaissent ainsi comme devant être de rares exceptions à la règle idéale de l'indissolubilité, comme un mal à coup sûr, mais nécessaire pour faire disparaître un mal plus grand encore. Aussi, ne doivent-elles être admises par une bonne législation que dans des cas très graves, strictement limités aux faits rendant la vie conjugale désormais impossible ou même dangereuse. De tels actes ne peuvent résulter que de la violation voulue des devoirs essentiels du mariage.

Une pareille conception condamne tout d'abord le divorce compris comme une application des règles générales des contrats et permettant aux parties de rompre, à leur fantaisie, la convention formée par leur libre volonté. La répudiation des Anciens et des Orientaux, l'incompatibilité d'humeur de la loi française de 1792, le consentement mutuel du Landrecht prussien, c'est-à-dire débarrassé des garanties de notre loi de 1803, sont ainsi éliminés. Maleville, dans un opuscule intitulé *Du divorce et de la séparation de corps,* paru à Paris en 1801, a développé avec éloquence les raisons qui militent en faveur de l'exclusion de ces divorces. Au sujet du consentement mutuel : « Il serait sans doute très commode, lorsqu'on est las l'un de l'autre, de se quitter avec la même légèreté qu'on s'est pris ; mais l'intérêt public ne permet pas un tel vagabondage ; l'objet même du mariage, qui est l'éducation et la procréation des enfants, y résiste ; c'est lui qui l'a fait définir *consortium totius vitae* et c'est une extravagance que d'appliquer au mariage cette règle vulgaire pour les

autres contrats, que chaque convention peut se détruire de la
même manière qu'elle a été formée. Dans les contrats ordinaires, où il ne s'agit que de l'intérêt de ceux qui les font, il
est fort naturel qu'on puisse aussi les dissoudre à volonté;
mais dans le mariage, ce n'est pas seulement avec un individu qu'on s'engage, c'est avec la République que l'on contracte principalement; c'est pour l'intérêt des enfants qui sont
l'objet final de cette union que l'on prend l'engagement
solennel d'une fidélité éternelle; et il est contre la nature des
choses qu'on puisse violer cette promesse pour un seul intérêt et lorsque de si grands intérêts s'y trouveraient compromis. Le mariage, d'ailleurs, est l'asile des mœurs, c'est dans
son sein seulement que la pudeur d'accord avec la raison
d'État, permet de se livrer aux douces impulsions de la nature;
il importe donc souverainement de l'environner d'honneur et
de respect ». Et plus loin : « Les mêmes raisons s'appliquent
au motif de l'incompatibilité d'humeur..... On a cherché à
rajeunir ce moyen discrédité de divorce en observant que, si
on ne l'admet que pour cause prouvée, on laisse dans la
peine beaucoup d'époux qui ont à souffrir dans l'intérieur de
leurs maisons de procédés amers qu'on se garde bien de
faire éclater en public. Mais il est facile de répondre que ces
cas sont trop rares pour déterminer le législateur à violer,
pour les prévenir, les règles les plus constantes de la justice;
parce que, sur cent individus, il se trouvera un monstre de
cruauté et de perfidie, qui se fera un jeu de tourmenter en
secret une épouse qu'il affectera de bien traiter en public,
faut-il donc exposer tous les mariages à être dissous sans
preuve et sous le frivole prétexte d'incompatibilité d'humeur?
Les lois ne sont pas faites pour les cas extraordinaires, mais

pour ce qui arrive communément..... Et d'ailleurs, quand
même ces monstres qu'on suppose, seraient plus communs
qu'ils ne se trouvent réellement, serait-il possible que leur
conduite demeurât toujours secrète ? N'arriverait-il jamais
que des parents, des amis, des domestiques survinssent inopi-
nément ou même bien avertis au milieu de ces querelles outra-
geantes qu'on veut faire succéder sans cesse aux égards obser-
vés en public ? Est-il possible que ces mauvais traitements
demeurassent toujours sans preuve ? » (¹). Maleville a ainsi
réfuté en même temps que le divorce par la volonté persistante d'un seul, le divorce par consentement mutuel simple
et même le divorce par consentement mutuel de notre code
civil. La dissolution du mariage ne doit donc être possible
que pour causes déterminées, caractérisées par une violation
coupable des obligations naissant du mariage.

Celles-ci ne peuvent résulter que de faits intentionnels parce
qu'il serait injuste et inhumain de prononcer le divorce contre
un époux frappé d'une maladie même incurable, comme le
firent les Assises de Jérusalem pour la lèpre et l'épilepsie, le
code civil allemand et quelques autres législations modernes pour la folie. Il est à coup sûr des arguments sérieux que
l'on peut invoquer pour faire admettre ces causes physiques.
Que l'on envisage en effet le mariage sous ces deux aspects,
comme union de deux corps ou de deux cœurs, il est également inexistant en réalité si un des époux est impropre à la
cohabitation ou s'il a perdu l'esprit. Il ne semble, comme l'a
dit Maleville, « ni de la justice du législateur ni de l'intérêt
de l'Etat d'obliger un vivant à demeurer avec un mort ». On

(¹) Ouvrage précité, p. 23.

peut cependant répondre, pour le cas de folie, que celle-ci est rarement inguérissable, presque toujours intermittente, laissant au malade des intervalles lucides; qu'il est dans presque tous les cas matériellement impossible aux aliénistes d'assurer une durée aux troubles nerveux. N'est-il pas alors plus conforme à l'idée du mariage, en même temps que plus généreux, de penser que les époux ne mettent pas seulement en commun leurs joies mais aussi leurs malheurs et leurs peines; d'obliger le conjoint bien portant à donner au malade des soins capables peut-être de hâter sa guérison, certainement de diminuer ses souffrances. La même argumentation s'applique à tous les maux rendant la cohabitation impossible ou dangereuse; si on les admet comme causes de divorce, que deviennent les devoirs conjugaux de secours et d'assistance? Pourquoi ne pas être logique jusqu'au bout et ne pas admettre aussi la vieillesse? C'est cependant la conséquence forcée du système.

De toutes les maladies, il en est une qui s'est présentée bien souvent à l'esprit des législateurs et qui a été reconnue par eux comme capable au premier chef de rompre le lien du mariage parce qu'elle est la plus directement opposée à sa fin principale : c'est l'impuissance ou la stérilité. Nous avons vu toute l'antiquité en faire une cause de divorce; elle fut toujours reconnue telle par les Orientaux; par le moyen-âge chrétien qui la transforma ensuite en cas de nullité pouvant être invoquée par tous. Nous avons vu les canonistes bâtir à son sujet de volumineuses théories; distinguer soigneusement l'impuissance par sorcellerie, *maleficium,* et l'impuissance par froideur, *frigiditas.* Les textes sont formels et nombreux attestant que malgré la dénomination, elle était en réalité

une véritable cause de divorce, car les tribunaux ecclésiastiques se souciaient peu qu'elle fût antérieure ou postérieure
au mariage (¹). Les canonistes modernes obéissent toujours
aux textes du droit ecclésiastique classique (²). La cour de Rome
annule de temps en temps des mariages pour cause d'impuissance d'après les règles traditionnelles; elle reconnaît toutefois que la plupart des cas jadis groupés sous le chef de
maleficium proviennent de causes plus naturelles (³). Parmi
les Etats de l'Europe actuelle, la Russie, le Danemark, la
Suède et la Norvège admettent eux-aussi l'impuissance au
nombre des cas de divorce. L'Allemagne ne l'a bannie que
lors de la rédaction de son code civil : cette cause vaut donc
d'être discutée, puisque, après avoir été reçue par tous les
législateurs, elle l'est encore par la plupart.

Nous croyons cependant qu'elle doit être rejetée, au moins
en tant que cause de divorce, c'est-à-dire procédant d'un accident postérieur au mariage, car sans ce caractère elle ne peut
être rangée que parmi les nullités. Si un homme ou une
femme normalement constitué, se croyant apte à la cohabitation, est frappé, au cours de la vie conjugale, d'une maladie
provoquant l'impuissance; s'il est victime d'une mutilation,
d'une blessure amenant le même résultat, ne répugne-t-il pas

(¹) Claude Harry, dans son *Nouveau traité du mariage chrétien*, p. 250 s. rapporte un exemple frappant emprunté aux plaidoiries de Nicolas Rousset, avocat à
Paris au xvıᵉ siècle, d'après lequel un procès en impuissance fut intenté par une
femme mariée avec un veuf qu'elle accusait de frigidité. Celui-ci avait cependant
eu plusieurs enfants de son premier mariage. La femme demandait l'épreuve du
congrès ; le mari s'y refusait, opposant, comme fin de non-recevoir, l'existence de
ses enfants. L'Official de Noyon ordonna néanmoins l'épreuve. Le mari fit appel
de cette décision au parlement de Paris qui confirma le premier jugement.

(²⁻³) Feije, *De imped.*, p. 414, note 1 (cité par Esmein, *Le mariage canonique*,
tome II).

à la raison, n'est-il pas contraire à l'idée de mariage, telle que nous l'avons définie, d'admettre dans ces circonstances sa dissolution? Un autre argument très décisif, ce nous semble, peut être tiré de la difficulté de la preuve. Le législateur de l'antiquité n'avait pas à s'en impressionner. Hippocrate lui fournissait la recette suivante, à coup sûr très simple (¹) : « Quand une femme n'a pas conçu et que vous voulez savoir si elle peut devenir féconde, enveloppez-la d'un manteau et faites-lui des fumigations par en bas. Si l'odeur vous paraît arriver à travers son corps jusqu'à ses narines et à sa bouche, sachez que ce n'est pas d'elle que dépend la stérilité ». Le moyen-âge et en particulier les canonistes ont préconisé tour à tour et ordonné la preuve par la visite corporelle; si les signes de l'impuissance n'étaient pas physiquement évidents, la preuve *per crucem,* le *juramuntum septimæ manus*, la cohabitation triennale ; enfin, comme produit spécial de la jurisprudence canonique française, comme raffinement dernier : l'épreuve du congrès. Cabassut (²) nous donne une description riche de détails de cette pratique générale où il nous révèle qu'à un jour fixé, sur un lit entouré de rideaux « *in lecto cortinis circumvallato* », en présence de matrones, de juges et de chirurgiens, les époux devaient, dans un délai de trois ou quatre heures, prouver leur vigueur..... et au sujet de cette monstruosité juridique, Hotman (³) écrivait : « Je ne say par quel malheur de nostre siècle, on a introduit une preuve la plus brutale que l'on saurait

(¹) Collection Hippocratique, 5ᵉ éd., aph. 59.
(²) *Theoria et praxis juris canonici,* I, III, CXXV, n. 6.
(³) *Traité de la dissolution du mariage par l'impuissance ou froideur de l'homme et de la femme*. Paris, 1610, p. 26.

excogiter » : Il déplorait ensuite les abus et les mauvais résul-
tats de l'épreuve : « Ainsi, pensait-on, par adventure qu'un
sy deshonnête congrez pourrait modérer la plainte des femmes, lesquelles au contraire, comme le siècle est malheureux,
se sont par ce moyen fortifiées, et dez le commencement de
leur procez requièrent elles-mêmes le congrez, sçachant bien
toutes que ce leur est un moyen indubitable de gaigner leur
procez..... car quelque assurance que tout homme se puisse
promettre (s'il n'est aussi brutal et impudent qu'un chien)
confessera, s'il veut, à part soi et sans passion bien considérer, qu'il n'est en sa puissance, se faire paroytre capable du
mariage, en la présence de la justice que l'on révère, à la vue
des médecins, chirurgiens et matrones que l'on tient pour
ennemis ». Les jurisconsultes les plus sérieux, Hotman, Févret, par exemple, démontraient que non seulement c'était
une procédure odieuse mais que la preuve en résultant était
très incertaine : « Elle est incertaine disait Févret parce que
les plus licenciés et voluptueux se trouvent assez souvent
surpris en cet acte » (¹).

Certes, l'organisation juridique des preuves a fait d'immen-
ses progrès depuis le xviiᵉ siècle; la science médicale a fait
des pas de géant, mais ni l'une ni l'autre, se prêtant un mutuel secours, n'ont encore résolu d'une façon certaine la difficulté de la preuve au cas d'impuissance. Et si on l'admettait
comme cause de divorce, il faudrait, pour une foule de sujets
chez qui la maladie est d'origine constitutionnelle, ou due à
des troubles nerveux impossibles à percevoir, avoir recours
à des procédés probatoires aussi incertains, peut-être aussi

(¹) Févret, *Traité de l'abus*, II, p. 66.

étranges que le congrès. Nous repoussons donc l'impuissance comme cause de divorce en même temps que toutes les autres maladies, parce qu'il est contraire à l'idée de mariage d'admettre sa dissolution par des faits involontaires, postérieurs à lui qui le rendent certainement inutile, mais qui ne sont pas équitablement imputables à un époux, et qui, par là même, ne doivent pas être sanctionnés.

Il nous reste, après avoir fait cette élimination, à rechercher parmi les seuls actes accomplis intentionnellement en violation d'une obligation essentielle du mariage quels sont ceux qui doivent constituer des causes de divorce. Il naît du mariage trois obligations réciproques principales : 1° l'obligation de fidélité ; 2° celle de secours ; 3° celle d'assistance ; une quatrième obligation à la charge de la femme, celle d'obéissance ; une cinquième spéciale au mari, celle de protection. La première de ces obligations, celle de fidélité, ne peut être inexécutée que par un seul fait prévu dans certains cas par notre loi pénale : l'adultère. Doit-il dissoudre le mariage ? Toutes les législations n'ayant pas prohibé le divorce l'ont toujours admis lorsqu'il s'agit de l'adultère de la femme. Les Grecs, les Romains, et même certains Etats modernes en firent une cause obligatoire. Quelques Pères de la primitive Eglise allèrent jusqu'à lui donner le pouvoir de détruire le mariage *ipso facto*. Le Concile de Trente, dans sa condamnation générale du divorce, n'a pas osé lancer l'anathème contre ceux qui invoqueraient ce motif. Les auteurs les plus opposés au divorce, entre autres Raxis de Flaxans, ont déclaré qu'il était la cause la moins révoltante ([1]). Maleville, dans son plaidoyer

([1]) La question de divorce discutée dans les rapports du droit naturel de la religion, de la morale et de l'ordre social. Paris, 1797, p. 163.

contre le divorce (¹), reconnaît l'adultère seul comme juste
cause : « D'ailleurs la raison ne semble-t-elle pas enseigner
que l'adultère attaque le mariage dans son essence et qu'il
forme par conséquent contre celui qni s'y livre un juste sujet
de dissolution? Il n'y a donc pas de divergences en ce qui
concerne l'adultère de la femme; mais un parti considérable
de la doctrine se refuse à voir dans l'adultère pur et simple
du mari une cause de divorce. Les principaux arguments
qu'on a donnés en faveur de cette théorie sont contenus dans
le passage suivant de Montesquieu : « Les lois politiques et
civiles de tous les peuples ont avec raison distingué l'adultère du mari de celui de la femme. Elles ont demandé aux
femmes un degré de continence et de retenue qu'elles n'exigent point des hommes, parce que la violation de la pudeur
suppose dans les femmes un renoncement à toutes les vertus,
parce que la femme, en violant les lois du mariage, sort de
l'état de sa dépendance naturelle, parce que la nature a marqué l'infidélité des femmes par des signes certains. Outre que
les enfants adultérins de la femme sont nécessairement au
mari et à la charge du mari, au lieu que les enfants adultérins du mari ne sont pas à sa femme ni à la charge de sa
femme ». Rien n'est plus contestable que les idées de Montesquieu en cette matière, il n'est pas vrai que l'infidélité de
la femme est toujours marquée de signes certains; celle-ci
n'aura donc pas toujours pour résultat de mettre des enfants
adultérins à la charge du mari. Les infidélités du mari, au
contraire, se traduiront le plus souvent par un entretien rui-
neux d'une maîtresse, prélevé sur les ressources du ménage.

(¹) Ouvrage précité, p. 30.

L'idée de Montesquieu a en outre l'inconvénient d'encourager, en l'excusant, l'adultère du mari ; d'être en opposition flagrante avec l'évolution de la condition sociale de la femme. Comme il a été dit, au cours des travaux préparatoires de la loi française de 1884, par M. de Marcère, il est d'une époque disparue de nier la parité des droits de l'homme et de la femme au point de vue civil. Le mariage est une association entre deux êtres égaux ; comme il lui faut un chef ou tout au moins un représentant, ce rôle appartient naturellement au mari, d'où l'incapacité civile de la femme qui ne doit pas aller jusqu'à lui ôter le droit de « sentir l'outrage de l'infidélité ». Peu importe que la loi pénale fasse une différence destinée peut-être à disparaître comme en matière civile. Il nous semble indéniable, comme l'a dit M. Laurent ([1]), que les torts des deux époux étant les mêmes, le droit en résultant pour la partie lésée doit être aussi le même. La violation du devoir de fidélité engendre donc un cas de divorce.

Doit-il en être ainsi de la violation des devoirs de secours et d'assistance ? Le premier oblige chaque épouse à fournir à son conjoint les choses matérielles nécessaires à la vie ; le deuxième oblige à prester des soins personnels au cas de maladie, de situation difficile. Ils sont tous deux de l'essence du mariage ni plus ni moins que la fidélité : leur manquement voulu doit donc être une cause de divorce tout comme l'adultère. Reste à déterminer quand aura lieu ce manquement. Notre législateur actuel l'a vu dans le fait d'encourir une condamnation afflictive et infamante, dans les excès, sévices et injures graves. Le droit étranger l'a trouvé, hor-

([1]) *Droit civil*, III, p. 219.

mis ces cas, dans l'absence et l'abandon malicieux. Exami-
minons ces différentes hypothèses.

Le fait d'avoir encouru une condamnation infamante pour
un crime de droit commun est certainement de nature à
motiver le divorce. Il est un manquement évident aux devoirs
du mariage, puisqu'il met le condamné dans l'impossibilité
matérielle de secourir ou d'assister en quoi que ce soit son
conjoint pendant la durée de sa peine. Au surplus, il est une
très cruelle injure. Cette violation a été voulue, la sanction
civile n'a donc, après la sanction pénale, rien que d'équitable. On pourrait ce nous semble étendre cette solution, comme
cela a été proposé, à l'emprisonnement correctionnel pour
délit déshonorant, l'outrage et le préjudice à l'époux innocent étant analogues dans les deux cas.

Quant aux excès et aux sévices, nous voyons aussi en eux
des causes de divorce. Les obligations de secours et d'assistance, à la différence de celle de fidélité, sont des obligations
positives. Elles exigent non seulement une abstention d'actes
mauvais mais encore un déploiement de bonté, une dépense
de dévouement, des sacrifices d'argent. Peut-on hésiter à prononcer le divorce, lorsqu'un époux, au lieu d'obéir à ces
devoirs, expose la vie de son conjoint par suite des mauvais
traitements qu'il lui prodigue ? Et il n'est aucun texte de
notre loi, aucune règle de droit naturel qui permette au
mari de maltraiter sa femme sous quelque prétexte que ce
soit. Il n'est pas dans l'esprit général de notre droit moderne
d'autoriser le mari à user de châtiments corporels même
dans une intention bienfaisante, notamment pour diriger
l'instruction morale de sa femme. En dépit d'un arrêt de
Chambéry de 1892 en ce sens, en dépit de l'idée de Philippe de

Beaumanoir qui autorisait les maris de Beauvoisis à frapper
leur femme « mais raisonnablement et sans les méheindre »,
tous les actes de violence, tous les mauvais traitements sont
un manquement trop caractérisé aux devoirs du mariage pour
pour ne pas légitimer le divorce.

Il n'en est pas de même, à notre avis, pour les injures graves; un reproche capital peut être fait à ce chef de divorce : c'est son caractère extrêmement vague. Il est, en
effet, impossible d'en donner une définition précise; il peut
résulter de paroles, d'écrits, de gestes, d'actes matériels,
d'abstentions. L'injure peut revêtir mille formes; mille circonstances concourent à la caractériser et c'est au juge seul
qu'il appartient d'apprécier toutes les questions qui s'y rapportent, qui sont toujours des questions de fait : la loi n'est
rien, la jurisprudence tout. N'est-ce pas là un grand danger?
En une matière aussi grave que les causes de divorce, ayant
une répercussion immédiate sur l'état des personnes, le pouvoir absolu du juge doit être écarté tout comme en matière
pénale, parce que la liste des causes de divorce comme celle
des délits ou des crimes touche à l'ordre public. Elles devraient donc toutes deux être strictement délimitées par la
loi. Aussi serait-il rationnel de rejeter le chef d'injures graves dans une législation qui n'admet, comme la nôtre, que
des causes déterminées. Celles-ci, suivant une idée de M. Boulay, seraient d'excellentes causes de séparation de corps,
convertissable de droit en divorce au bout d'un délai probatoire de trois ans, par exemple. Le divorce résulterait ainsi
d'une cause déterminée : la cessation de la vie commune
pendant trois ans après un jugement de séparation de corps.

« Il faut considérer, a dit Locré ([1]), que s'il est des causes qui
anéantissent pour ainsi dire d'un seul coup le mariage, il en
est aussi qui, sans produire immédiatement le même effet, le
produisent par leur continuité... Elles sont susceptibles d'oubli, elles diffèrent, d'ailleurs, par les nuances des caractères,
de l'éducation et des conditions : il ne faut donc les admettre
d'abord que comme causes de séparation... Mais si, malgré
la séparation et l'intervalle de trois années, les époux restent
désunis, si rien n'a pu les rapprocher, que doit-on conclure?
Qu'il existe entre eux un obstacle insurmontable; que les
causes qui ont amené la séparation sont plus graves qu'on ne
l'avait d'abord cru; et que, peut-être même, elles en cachent
de plus secrètes. Alors, il est clair qu'il ne peut plus y avoir
d'union entre les époux, ni par conséquent plus de mariage.
Dès lors, l'intérêt des époux, celui de la société, la raison,
tout commande d'accorder le divorce à l'époux qui a obtenu
la séparation, car il ne conviendrait pas que l'autre pût se
faire un titre de ses propres torts pour le demander. » Les
considérations de Locré qui ne sont que la défense d'un système analogue à celui proposé par M. Boulay ne s'appli-
quent-elles pas surtout aux injures graves? Celles-ci ne sont-
elles pas, à tous égards, ces faits qui « n'anéantissent pas
d'un seul coup le mariage, » mais qui peuvent produire ce
résultat par leur continuité? C'est qu'alors seulement elles
accusent chez leur auteur un oubli certain des devoirs du
mariage. Une séparation d'épreuve d'une durée limitée nous
paraît un criterium sûr de la gravité des torts. Cette séparation
aurait ainsi une cause, l'injure, distincte des causes de divorce

[1] Locré, V, p. 198.

et facultative pour le juge, au lieu que les causes de divorce seraient toutes péremptoires. Elle serait un moyen de concilier et l'intérêt particulier des époux souffrant cruellement de la continuité des injures et l'intérêt général de la société, exigeant la limitation stricte des cas de divorce.

Il est, à notre avis, un dernier fait qui constitue une violation intentionnelle des devoirs du mariage et qui doit entraîner sa dissolution par cela même qu'il est constaté : c'est l'absence et, à plus forte raison, l'abandon malicieux. Le tribun Gillet l'a contesté devant le Corps législatif : « L'abandon, a-t-il dit, présente une idée complexe : d'abord, celle de l'éloignement qui est un fait et celle du délaissement qui est une intention. Or, si le fait peut être aisément constaté, il en est autrement de l'intention qui est presque toujours équivoque. De cette ambiguïté, peuvent naître des prétextes trop faciles pour franchir les engagements du mariage ». M. Batbie, en 1884, posait au Sénat le dilemme suivant relatif à l'absence : « Ou l'absent vit encore, ou il ne vit plus. S'il est mort, vous ne pouvez pas le divorcer, car on ne divorce plus avec un mort. Si le conjoint vit encore et ne donne pas de ses nouvelles, alors, de deux choses l'une : ou bien il ne veut pas revenir et il y a alors injure grave, aucune loi spéciale n'est nécessaire puisqu'il suffit de se référer à la législation qui permet de prononcer le divorce ou la séparation pour injures graves; ou bien il ne donne plus de nouvelles parce qu'il ne peut pas en donner et alors, à l'impossible nul n'étant tenu, il serait injuste de frapper l'absent et de prononcer le divorce contre lui ». Il est facile, ce nous semble, de répondre à l'argument du tribun Gillet et d'échapper au dilemme de M. Batbie. Pour l'abandon injustifié comme pour l'absence déclarée, n'y a-t-il pas une présomption lourde de faute imputable à l'époux déserteur? Comment admettre, à notre époque, avec les moyens de renseignements dont on dispose d'un antipode à l'autre, avec la rapidité des voyages, qu'un homme peut rester loin de son pays pendant trois ou cinq ans sans avoir le moyen matériel de donner signe de vie? Lors de la discussion du code civil, les exploits des pirates barbaresques de la Méditerranée et les aventures des « enlèvements en Alger » n'étaient pas relégués dans les récits des littérateurs. Ils étaient encore d'actualité, et, parmi les hommes qui votèrent notre loi de 1804, peut-être en est-il quelqu'un qui fit un voyage analogue à celui de Régnard. Mais, aujourd'hui, avec les voies ferrées rayonnant sur le monde, avec les communications électriques et même la télégraphie sans fil, un éloignement de longue durée ne peut raisonnablement s'expliquer, pour qui que ce soit, que par une volonté ou une négligence coupable. Et si, entre l'époux absent et l'époux abandonné, il en est un d'intéressant, c'est à coup sûr celui qui reste, qui pourvoit aux besoins de sa famille, à l'entretien de sa maison. Pourquoi alors l'exposer à un célibat perpétuel en lui refusant le divorce? Si, maintenant, nous supposons avec M. Batbie que l'absent est mort, quel inconvénient y a-t-il à dissoudre son mariage? Où est le préjudice? L'époux abandonné recouvre tout simplement la situation légale qui lui aurait été faite par la mort même de son conjoint s'il était décédé au domicile conjugal. Il a, en moins, les gains de survie, car il est peu vraisemblable qu'il lui soit fait une rente par cet époux qu'on ne sait où trouver. Qu'y a-t-il donc de répugnant à prononcer le divorce, puisqu'il est impossible, de par l'hypothèse même de l'absence, de résoudre autrement la difficulté? Nous pensons donc qu'une législation bien ordonnée doit admettre l'absence au nombre des causes du divorce, parce qu'elle suppose un mépris absolu des devoirs réciproques du mariage.

Nous avons ainsi passé en revue tous les faits susceptibles de motiver le divorce par cela même qu'ils ont été constatés : ils résultent tous d'une violation voulue des devoirs de fidélité, de secours et d'assistance. Quant aux obligations d'obéissance à la charge de la femme et de protection à la charge du mari elles sont, elles aussi, de l'essence du mariage mais leur inexécution apparaît comme une faute moins grave, capable seulement, en tant qu'injure, de légitimer une séparation de corps. Celle-ci doit donc exister à côté du divorce comme épreuve probatoire d'une durée fixée par le législateur et à condition de pouvoir toujours être convertie en divorce, de plein droit, sur la seule demande de l'époux innocent. Elle est ainsi un remède, le seul remède efficace peut-être, aux dissentions conjugales nées d'injures irréfléchies. Elle est la sauvegarde de la liberté des consciences les plus scrupuleuses, puisque le divorce ne sera imposé à aucun époux qui observe les devoirs du mariage, à la différence de notre droit actuel dans l'hypothèse de l'art. 310 du Code civil. Le divorce aurait ainsi l'immense avantage de n'être possible que pour causes véritablement déterminées, toutes péremptoires et limitées à : 1° l'adultère ; 2° les condamnations pour crime ou délit de droit commun entachant l'honneur ; 3° les excès et sévices graves ; 4° la séparation de corps ayant duré trois ans ; tous ces cas attestant une violation intentionnelle des droits et des devoirs constitutifs de l'idée même de mariage.

Une telle réglementation qui conviendrait, ce nous semble,

à raison de leurs mœurs et leurs manières, à la plupart des peuples européens, ne détruirait-elle pas certaines critiques accumulées contre les systèmes actuels de causes de divorce?

Aux moralistes qui voudraient toujours voir en lui un élément énergique de dissolution, ne pourrait-on pas opposer l'expérience du monde ayant admis, et souvent dans une large mesure, la dissolubilité du mariage, à l'exception de l'Italie, du Portugal, de l'Espagne et de ses anciennes colonies d'Amérique? L'état social de ses peuples n'est peut-être pas meilleur que celui de leurs voisins; quant aux mœurs françaises d'aujourd'hui, elles valent bien, à tout considérer, celles du XVIIIe siècle.

Vu : Le Président de la thèse :
P.-E. VIGNEAUX.

Vu : *Pour le Doyen,*
L'Assesseur,
Léo SAIGNAT.

Vu et permis d'imprimer
Bordeaux, le 19 décembre 1899,
Le Recteur,
Pour le Recteur :
Léo SAIGNAT.

Les visas exigés par les règlements ne sont donnés qu'au point de vue de l'ordre public et des bonnes mœurs (Délibération de la Faculté du 12 août 1879).

BIBLIOGRAPHIE

Accarias. — Précis de droit romain, 4e édit. Paris.

Aubry et Rau — Droit civil. Paris.

Baudry-Lacantinerie. — Précis de droit civil. Paris.

Beauchet. — Droit athénien. Paris.

Codes et lois des différents pays.

Cuq. — Instit. jur. des Romains. Paris.

Dezobry. — Rome au siècle d'Auguste. Paris.

Dareste. — Etudes d'histoire du droit. Paris.

Esmein. — Le mariage canonique. Paris.

Fustel de Coulanges. — La cité antique. Paris.

Geffroy. — Rome et les Barbares. Paris.

Glasson. — Le mariage civil, le divorce et la séparation de corps. Paris.

Girard. — Précis de droit romain. Paris.

Ihering. — Esprit du droit romain. Paris.

Lehr. — Le mariage, le divorce et la séparation de corps. Paris.

Livres sacrés de l'orient. — Panthéon littéraire, Paris.

Maleville. — Du divorce et de la séparation de corps. Paris.

Patrologie latine. — (Migne).

Pharaon et Dulau. — Droit musulman. Paris.

Revillout. — Cours de droit égyptien. Paris.

Sautayra et Cherbonneau. — Droit musulman. Paris.

Tcheng-Ki-Tong. — Les Chinois peints par eux-mêmes. Paris.

Theiner. — Acta genuina.

Valroger (de). — La gaule celtique.

Viollet. — Précis d'histoire de droit. Paris.

Vincent. — Droit musulman. Paris.

Westermarck. — Origine du mariage. Paris.

Zeys. — Traité élémentaire de droit musulman. Paris.

TABLE DES MATIÈRES

23.485. — Bordeaux, Y. Cadoret, impr., rue Poquelin-Molière, 17.

Y. CADORET
imprimeur
BORDEAUX

www.ingramcontent.com/pod-product-compliance
Lightning Source LLC
Chambersburg PA
CBHW071701200326
41519CB00012BA/2592